高等职业教育汽车类专业创新教材

技工院校高级工工学一体化教材

汽车发动机故障诊断与排除

（彩色版配实训工单）

主　编　姜龙青

副主编　袁永文　冯　超

参　编　于　帅　刘禹彤　戴艳艳

　　　　王丽娜　谭　磊

随书资源

机械工业出版社

本书为世界技能大赛汽车技术项目推广用书，在总结第44~47届竞赛试题基础上，依据世界技能大赛汽车技术项目发动机管理模块竞赛标准，重点突出波形测试和分析在汽车维修故障诊断方面的应用。

本书主要内容为发动机电子控制系统控制单元、信息传递和执行器控制等部位的检修。全书包含6个作业项目，分别为发动机故障诊断与排除基础，发动机点火控制系统、进气系统、燃油供给系统和排放系统故障诊断与排除等重点内容，同时为突出现代汽车通信特点，又增加了车载网络通信系统检修方面的作业内容。本书依据发动机诊断信息和波形测试数据，按任务驱动方式完成相关的作业任务，故障排除思路清晰、逻辑性强，能使读者清晰领悟出故障诊断流程。

本书可作为高职高专汽车类相关专业教学用书，也可作为汽车维修人员技能培训和职业技能鉴定考核辅导用书。

图书在版编目（CIP）数据

汽车发动机故障诊断与排除：彩色版配实训工单 / 姜龙青主编. -- 北京 : 机械工业出版社，2025. 2.（高等职业教育汽车类专业创新教材）. -- ISBN 978-7-111-78135-6

Ⅰ. U472.43

中国国家版本馆CIP数据核字第20253JX523号

机械工业出版社（北京市百万庄大街22号 邮政编码100037）

策划编辑：李崇康　　　　　　　　责任编辑：李崇康
责任校对：赵玉鑫　杨　霞　景　飞　封面设计：张　静
责任印制：单爱军

中煤（北京）印务有限公司印刷

2025年6月第1版第1次印刷

184mm×260mm·14印张·270千字

标准书号：ISBN 978-7-111-78135-6

定价：59.90元（含实训工单）

电话服务　　　　　　　　　网络服务
客服电话：010-88361066　　机 工 官 网：www.cmpbook.com
　　　　　010-88379833　　机 工 官 博：weibo.com/cmp1952
　　　　　010-68326294　　金 书 网：www.golden-book.com
封底无防伪标均为盗版　机工教育服务网：www.cmpedu.com

随着我国汽车保有量的增加，对汽车维修后市场发展提出了更高的要求，各地职业院校、技工院校和中职学校在探索"复合型"人才培养方面有了很大进展，特别重视对汽车检测高技能人才的培养。为深化教学改革，培养学生主动思考和解决实际问题的能力，本书从汽车检测全新角度出发，依据发动机诊断信息和波形测试数据，按照任务驱动方式完成相关的作业任务，故障排除思路逻辑性强，内容深入浅出、简单易懂。

本书是针对职业院校"汽车发动机故障诊断与排除"课程学习、实训操作编写的，其特点体现在以下几个方面。

1.将思政教育、工匠精神巧妙地融入课程。

2.以项目为引领，通过任务驱动完成教学目标。全书共设6个教学项目，每个项目又分解为若干个任务，将具体内容按照学习目标、知识储备、任务实施的形式进行编排。为了满足职业教育教学的需求，顺应职业院校学生的认知习惯，本书在编写的过程中紧密围绕汽车专业教育教学改革的要求，注重职业教育的特点，按技能型、应用型人才培养模式进行设计和构思。

3.各学习任务不但重视学生技能操作培养，同时融入与该内容相关的理论知识点，启发学生深入思考，让学生不但会干，还要理解为什么这样干，在操作过程中轻松提高理论水平。

4.重视安全作业和工具设备的规范使用，力求使学生养成良好的工作行为习惯。

5.内容上注重实训教学环节的开展和动手能力的培养，有针对性地强化了实践教学，突出了实用性。

6.采用"互联网+教育"的理念，对重点知识和诊断过程配备了微课视频，以二维码的形式插入教材中，读者可通过手机等移动终端扫描，及时观看到各学习任务的操作过程，提高了实训教学的时效性。

7.包含了汽车发动机尾气排放处理的相关内容，以适应日益严格的国六b阶段尾气排放标准要求，更加适应现代汽车技术变化的需求。

本书可作为职业院校和技工院校汽车检测与维修专业教学用书，也可作为汽车维修人员定期培训和职业技能鉴定考核辅导用书。

　　本书由东营市技师学院姜龙青任主编，袁永文、冯超任副主编，参编人员还有于帅、刘禹彤、戴艳艳、王丽娜、谭磊。

　　由于编者水平有限，书中难免存在疏漏之处，敬请广大读者提出宝贵意见和建议，以便再次印刷时予以改正。

编　者

二维码索引

CONTENTS
目 录

前 言

项目一 发动机故障诊断与排除基础

项目描述

　　发动机管理控制包括"发动机电源管理"和"发动机诊断"两部分作业内容。"发动机电源管理"是在不借助诊断仪器的情况下，完成发动机无法起动故障的排除；"发动机诊断"就是在发动机工作后，借助诊断仪器和示波器等设备，排除发动机工作不良故障，解决车辆动力不足、油耗高、运转不平稳和尾气排放不达标等难题。

　　本单元学习是为发动机故障诊断与排除打基础，掌握与汽车诊断流程相关的知识点，规范操作诊断仪和示波器等设备，为发动机故障诊断与排除作业打下基础。

学习任务一 发动机故障诊断流程简介

知识目标

　　1. 了解"发动机电源管理"项目的上电逻辑、诊断思路和诊断方法等相关知识点。

　　2. 掌握"发动机诊断"项目的作业内容和故障诊断流程。

技能目标

　　1. 汽车维修作业中"个人防护"训练作业。

　　2. "车辆防护"和"场地清洁"的标准要求。

　　3. "环境保护"和"废弃物循环利用"的实施作业。

素养目标

　　1. 培育学生团队意识、协作精神、责任意识和爱岗敬业精神。

　　2. 培育学生安全意识的形成，营造良好的工作、学习环境。

　　3. 培育学生积极思考、主动学习的能力。

　　4. 增强学生完成工作任务的执行力，培养对社会和企业的责任感。

知识储备 发动机故障诊断与排除

发动机故障诊断与排除包括"发动机电源管理"和"发动机诊断"两部分内容。主要故障类型分为三类：

- 起动机不能运转。
- 起动机能带动曲轴转动，发动机无法工作。
- 发动机能够运转，但工作性能不良。

发动机故障分类逻辑图，如图1-1-1所示。

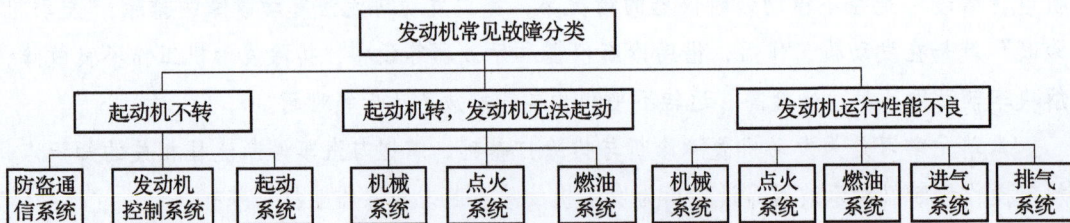

图 1-1-1 发动机故障分类逻辑图

一. 发动机电源管理

"发动机电源管理"就是发动机控制模块的上电逻辑，即"按动起动开关"→"发动机解除防盗"→"起动机运转"→"发动机着火运行"的过程。诊断思路是在不借助诊断仪器的情况下，完成"发动机无法起动"故障排除，包括"起动机无法运转"和"起动机运转后发动机不着火"两部分内容。

1."发动机电源管理"控制逻辑流程简介

现以一汽大众迈腾B8发动机为例，说明"发动机电源管理"的控制逻辑，如图1-1-2所示。

1）按下 E378（一键起动按钮），J965（进入及起动许可控制模块）接收点火开关信号。

2）J965唤醒舒适CAN总线系统。

3）J965通过车内天线发送一个查询码（125kHz低频信号）给已匹配的钥匙，授权钥匙识别到该信号后，进行编码并向J519（车载电网）返回一个应答器数据（433MHz高频信号）。

4）J519将该数据发送给防盗控制系统控制模块（J519内部），由防盗控制模块进行数据比对确认。

5）防盗控制模块通过舒适CAN总线向J764发送解锁指令，转向盘解锁。

6）J965将点火信号通过舒适总线输入给J519，J519接通15电源。

7）J533（网关）负责唤醒其他CAN总线。

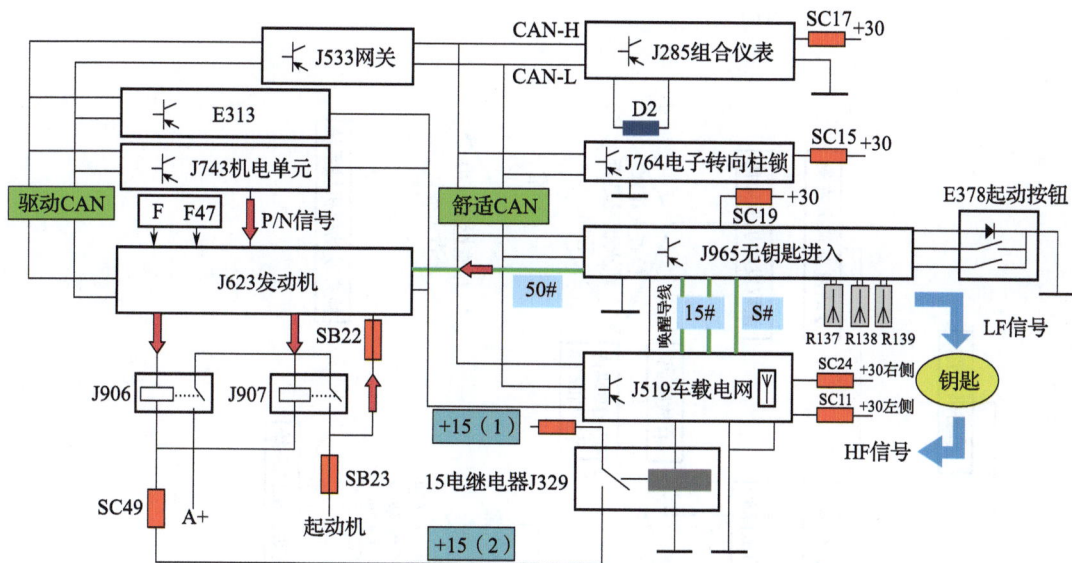

图 1-1-2　一汽大众迈腾 B8"发动机电源管理"控制逻辑

2. 发动机无法起动诊断思路

首先在确认故障现象的基础上，排除防盗系统、通信系统（二者均会造成车辆不能正常工作或无法通信）故障。在确认车辆通信系统正常后，利用车辆自诊断功能，读取系统存储的故障码，按照有故障码（有相关故障码）和无故障码（无相关故障码）两种类型，来确定下一步是采用故障码诊断法，还是故障症状诊断法，如图 1-1-3 所示。

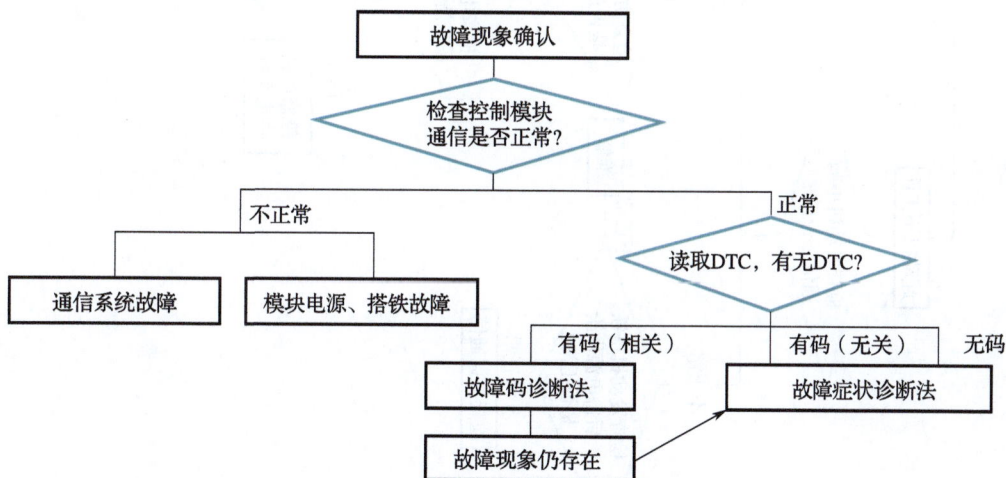

图 1-1-3　发动机无法起动的诊断思路

3. 发动机无法起动的故障排除流程

在通常情况下可按照图 1-1-4 所示的流程，进行发动机无法起动故障流程操作。

发动机无法起动故障的排除流程图

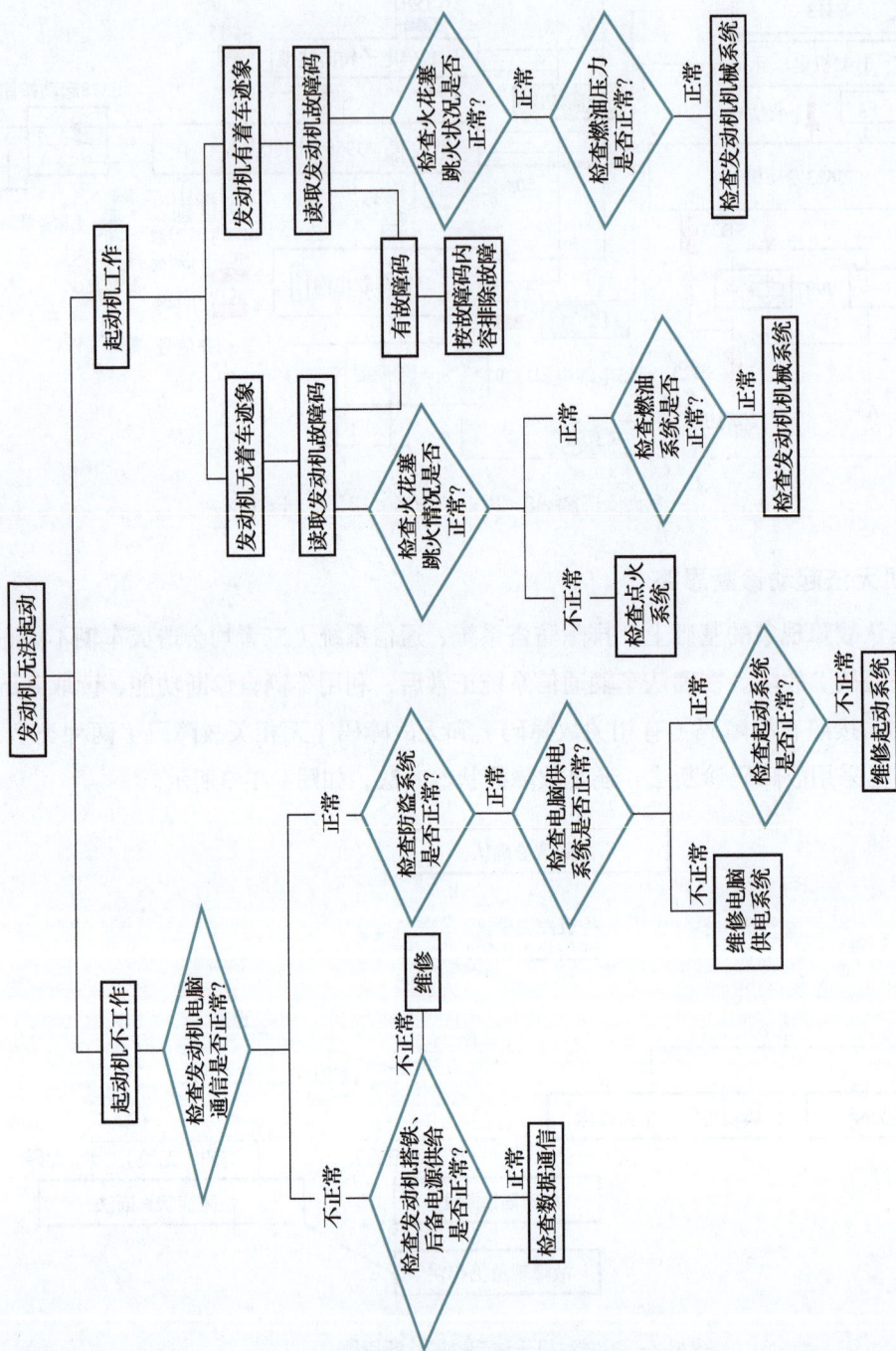

图1-1-4 发动机无法起动故障的排除流程

二、发动机诊断

"发动机诊断"就是在发动机起动后,借助诊断仪器和示波器等设备,排除发动机工作不良故障,解决车辆动力不足、油耗高、运转不平稳和尾气排放不达标等问题。在发动机诊断项目中,包含了电脑通信、点火系统、空气供给系统、燃油供给系统和尾气排放处理等方面的诊断内容,发动机控制系统的传感器、执行器和控制单元等部件均在此作业范围内。

1.用"故障诊断仪"测试发动机使用性能

将故障诊断仪连接在车辆诊断接口上,起动发动机运行,按照诊断仪操作流程进入发动机性能测试程序,通过诊断仪进行汽车使用性能诊断。本书主要讲解发动机各控制模块的性能检测,如图1-1-5所示。

图1-1-5 通过诊断仪检测发动机使用性能

2.用"示波器"测试发动机使用性能

将示波器按照线路图的要求,在被测试元件上连接"(+)表笔"和"(-)表笔",起动发动机运行,按照示波器操作流程测试相关的波形图。本书主要讲解发动机各控制模块的性能检测、波形测试等项目,可完成发动机无故障码但性能不良故障的检测,并为故障排除提供波形诊断分析。下面以加速踏板位置传感器为例来说明,其为"冗余功能"的两信号传感器,工作性能良好的测试波形如图1-1-6所示。

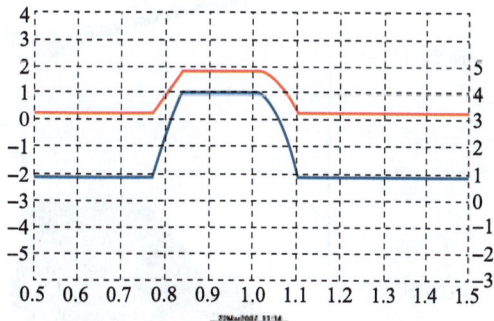

图1-1-6 加速踏板位置传感器波形图

任务实施　作业场地安全作业基础

场所要求

1）场所设施（供电、通风等）符合安全作业标准，场地面积在60m²以上。

2）采光条件（大于500lx）满足一体化教学需求。

3）能够满足30人左右的班级分组学习需求。

项目准备

1）汽车维修通用工具一套，含万用表、试灯、跨接检测线等。

2）四通道示波器1台，综合性能检测仪1台。

3）上汽通用别克威朗15S进取型轿车1部。

4）长城哈弗2021款M6 PLUS SUV1部。

一、作业实施中个人防护

1）学员在学习场所内必须一直穿戴工作装、劳保皮鞋，劳保皮鞋头部必须带铁护板。

2）车辆底部作业或操作过程中有可能造成头部伤害时，应佩戴工作帽。

3）发动机运转、使用压缩空气或操作密闭的（气体/液体）管路，若可能造成眼睛伤害时，应佩戴防护眼镜。

4）操作过程中有可能造成手部伤害时，应佩戴布线手套，当手接触油污或有害液体时应佩戴胶手套。

5）车辆维护和排故作业过程中，学员安全防护要求见表1-1-1。

表 1-1-1　学员必备的防护装备

防护项目	图示	说明
眼睛的防护		1. 防溅入 2. 戴近视眼镜也必须佩戴
足部的防护		防滑、防砸、防穿刺

（续）

防护项目	图示	说明
工作服		1. 必须是长裤 2. 防护服必须紧身不松垮，达到三紧要求 3. 女生必须带工作帽、长发不得外露
手套		根据操作项目视情况选择并佩戴

二、车辆安全防护要求

1）场地内必须配备车轮挡块、车内四件套、车外三件套，满足车辆的安全防护需要。

2）车辆起动操作时，必须拉紧驻车制动，并将变速杆置于P位或N位。

3）操作举升设备时，务必正确评估出车辆的整体质量，并检查车辆的支撑位置和平稳性。

三、场地整洁保持要求

1）场地内必须配备满足垃圾分类要求的回收箱，确保废品及时分类处理。

2）场地内必须配备扫帚、拖把、抹布和纸巾等，确保及时清除油污和垃圾。

3）场地应根据需要配备洗件盆、贮件盒、毛刷和毛巾等清洁物品，并配备废油回收设备。

4）场地应根据需要配备恒压气源和吹尘枪。

四、场地环保标准

1.环境保护

1）严禁使用压缩空气吹出离合器、制动器等总成部件周边的粉尘，这些粉尘中含有致癌隐患的成分。

2）更换后的制动液、冷却液和废旧机油等液体，必须分类单独存放，并集中统一按照环保要求回收处理，不得随意倾倒。

3）废旧的蓄电池必须回收处理，不得混入普通生活垃圾。

4）在维修车间内起动发动机前，务必先开启废气抽排设备，并插好汽车废气抽排管。

5）废旧金属、塑料应分类收集处理。

2. 废弃物循环利用

1）垃圾分类放置，方便回收利用。

2）维修作业中需更换备件时，可使用性能良好的元件代替，提高重复利用率。

学习任务二　汽车诊断及性能分析

知识目标

1. 了解国际汽车制造行业OBD-Ⅱ系统的相关知识点。

2. 掌握车辆诊断系统故障码含义及分类的相关知识点。

技能目标

1. 会用诊断仪读取故障码和数据流，并进行使用性能分析。

2. 会用诊断仪对车辆部分执行器进行动作测试和功能匹配等操作。

素养目标

1. 培育学生团队意识、协作精神、责任意识和爱岗敬业精神。

2. 培育学生安全意识的形成，营造良好的工作、学习环境。

3. 培育学生积极思考、主动学习的能力。

4. 增强学生完成工作任务的执行力，培养对社会和企业的责任感。

知识储备　汽车诊断的相关知识点

一、汽车诊断的相关知识点

（一）OBD-Ⅱ系统简介

OBD是On-Board Diagnostics（车载诊断系统）的英文缩写，自1996年起，相关法律要求汽车生产商所生产的产品需满足OBD-Ⅱ的标准，能够进行自诊断，旨在减少汽车尾气排放。

1. OBD-Ⅱ标准

1）OBD-Ⅱ模块用于监测和诊断车辆的排放系统。

2）车辆能够通过自诊断来监测可能导致排放超标的状况。

3）车辆应满足按标准诊断、维修和其他维护相关的要求。

2. OBD-Ⅱ系统的自检标准

OBD-Ⅱ系统自检可分为三种状态：自检通过状态、自检未通过状态和自检拒绝状态。

（1）OBD-Ⅱ系统的"自检通过状态"

在一个诊断循环周期内，若所有的检验都通过，具备以下条件视为通过状态。

1）故障指示灯工作正常。

2）故障指示灯激活且无当前故障码（DTC）。

（2）OBD-Ⅱ系统"自检未通过状态"

1）故障指示灯工作不正常。

2）故障指示灯激活且有一个或多个当前故障码（DTC）。

（3）OBD-Ⅱ系统"自检拒绝状态"

1）发动机模块与诊断仪失去通信。

2）自检测试状态失败。

（二）OBD-Ⅱ系统主要部件

1. OBD-Ⅱ系统增设部件

根据OBD-Ⅱ标准的要求，发动机需要增加硬件来监测系统运行及车辆排放的状况，如图1-2-1、图1-2-2所示。

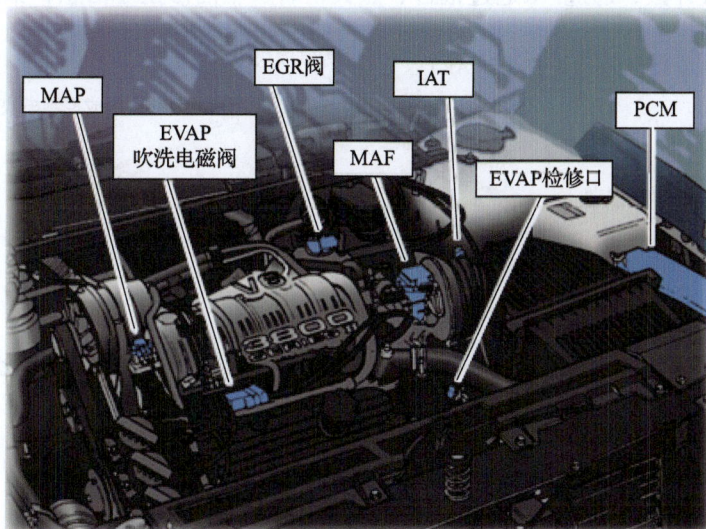

图1-2-1 OBD-Ⅱ系统增设部件（1）

- 蒸发排放（EVAP）吹洗电磁阀。
- 废气再循环（EGR）阀。
- 进气温度（IAT）传感器。
- 尾气排放净化装置。

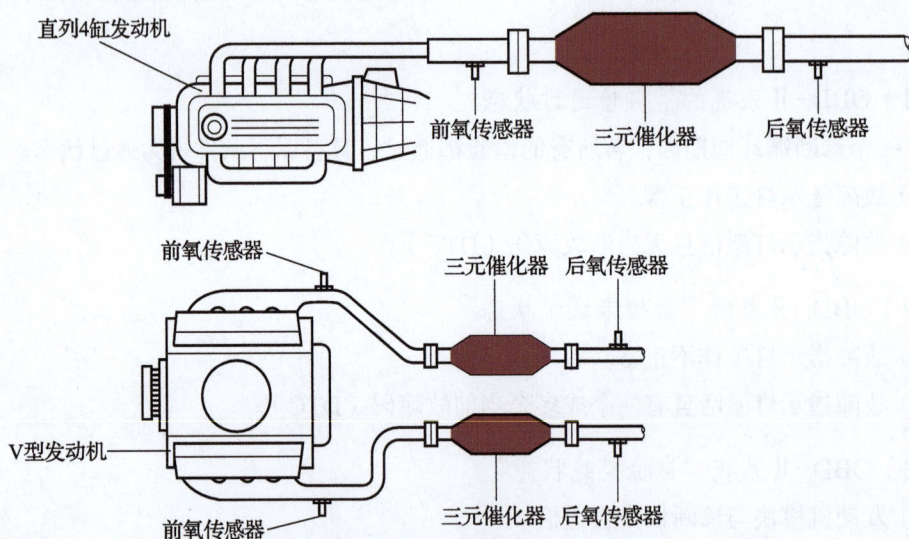

图1-2-2　OBD-Ⅱ系统增设部件（2）

2. 发动机管理性能的提升

1）发动机控制模块加强了系统运行的管理，努力实现各系统间信息的共享。系统运行管理利用传感器输入信息和内部软件，实现对车辆系统的控制，实时监控发动机的运行情况，包含缺火计数、通过/未通过报告、点火正时及燃油修正等信息，如图1-2-3所示。

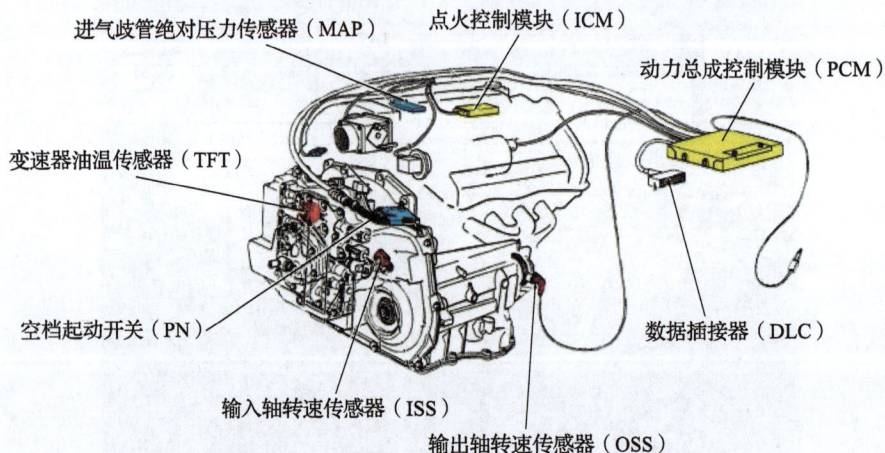

图1-2-3　OBD-Ⅱ系统发动机管理性能的提升

2）诊断管理系统用于控制诊断测试、记录测试，并具有发出相关指令的功能。

二、诊断故障码

若OBD-Ⅱ系统自诊断没有通过，并且严重影响到尾气排放，仪表板上的故障指示灯将被点亮，并储存相关故障记录（故障码、冻结数据帧等）。

1. 故障码相关知识

（1）故障码的要求

OBD-Ⅱ标准要求汽车行业应选用全球统一、标准化的诊断码格式，该码由一个英文字母和后面四位数字组成，如图1-2-4所示。

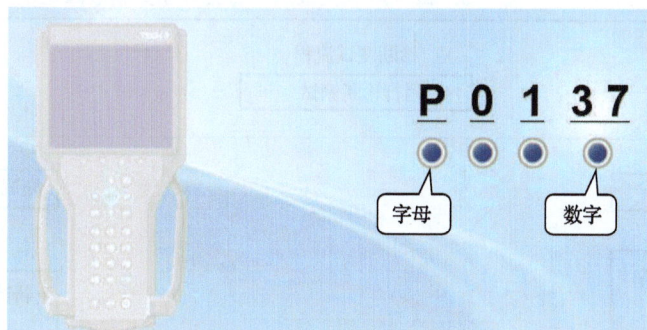

图1-2-4 故障码格式示意图

1）字母：表示系统的类型，其中P代表动力系统；B代表车身系统；C代表底盘系统；U代表网络通信系统。

2）数字：其含义为故障的类型、特定汽车系统、出现故障系统的元件或范围。

（2）故障码的分类

故障码可分为A类、B类、C类和D类等几种类型，各类故障码的特征见表1-2-1。发动机运行时，动力总成控制模块不断执行诊断测试，若测试通过，将会对诊断故障码信息进行更新，若三个连续测试循环周期都通过，将消除相关的故障指示灯。若连续四十个热机循环都通过，将清除故障码和冻结数据帧等故障记录，如图1-2-5所示。

表 1-2-1　故障码分类特征对照表

类型	特征	表现方式
A 类	严重影响排放的相关诊断故障码，诊断测试中首次测试失败就会设置	1. 激活故障指示灯 2. 存储历史诊断故障码 3. 存储冻结帧或故障记录 4. 每次诊断测试（通过、未通过或未运行）都会更新故障记录

（续）

类型	特征	表现方式
B 类	与排放相关的诊断故障码，诊断测试中首次测试失败就会设置	1. 当一个测试没有通过后，会更新故障记录 2. 当两个测试没有通过后，将激活故障指示灯、存储历史故障码和冻结数据帧 3. 当一个测试通过后将自动清除诊断故障码
C 类	与排放无关的诊断故障码	1. 当一个测试没有通过后，会激活故障指示灯或通过驾驶人信息中心发送维修提示 2. 每次测试循环失败后更新故障记录 3. 不存储冻结数据帧
D 类	与排放无关的诊断故障码	1. 不会激活任何故障指示灯 2. 不会存储冻结数据帧 3. 每次测试失败后，将会自动更新故障记录

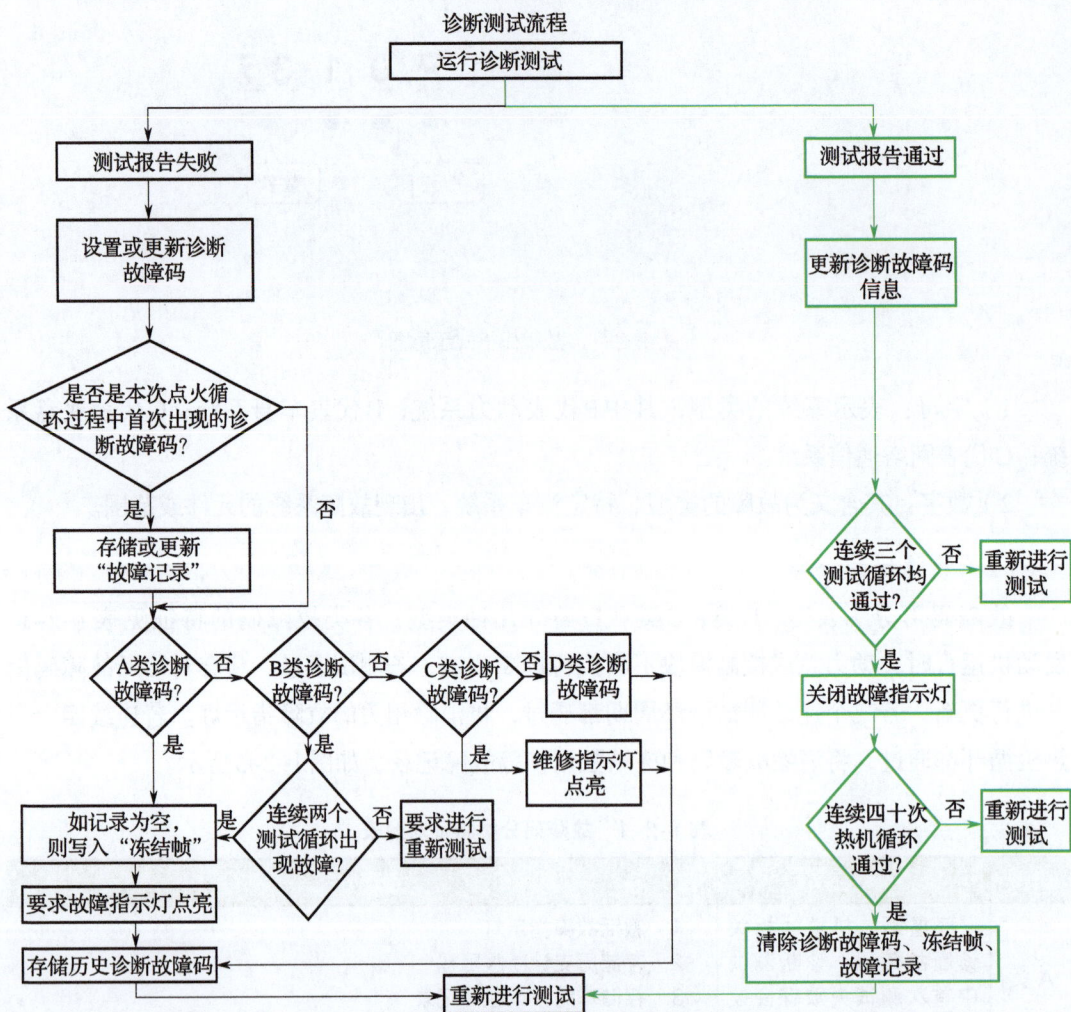

图 1-2-5　发动机故障码诊断测试流程示意图

2. 清除故障码的方法

清除故障码的方法主要有诊断仪清除法、断开蓄电池负极清除法和车辆诊断管理系统自动清除法等几种。

（1）诊断仪清除法

利用诊断仪，按照操作程序清除故障码、冻结数据帧等故障记录，此方法为当前优先选用的清码方式。

（2）断开蓄电池负极清除法

关闭车上所有用电设备，关闭点火开关，将蓄电池负极断开3min以上，车辆诊断管理系统内存储的所有信息会消失，如图1-2-6所示，但此方法会将所有的车辆设置归位到初始状态。

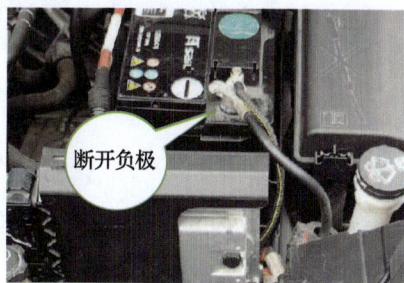
图1-2-6 断开蓄电池负极清除故障码

（3）车辆诊断管理系统自动清除法

当故障排除后，车辆诊断管理系统将执行热机循环计数，当连续进行四十个热机循环均未出现任何故障时，车辆自诊断系统将会自动清除故障记录，包括故障码和冻结数据帧。

注释：
①不同数据热机循环的周期不同，如尾气排放系统的热机循环周期较长。
②不是连续地开闭点火开关操作就是热机循环。

任务实施 汽车诊断及性能分析

场所要求

1）场所设施（供电、通风等）符合安全作业标准，场地面积在60m²以上。
2）采光条件（大于500lx）满足一体化教学需求。
3）能够满足30人左右的班级分组学习需求。

项目准备

1）汽车维修通用工具一套，含万用表、试灯、跨接检测线等。
2）四通道示波器1台，综合性能检测仪1台。
3）上汽通用别克威朗15S进取型轿车1部。
4）长城哈弗2021款M6 PLUS SUV1部。

一. 读取故障码

诊断仪连接车辆上的诊断接口，起动发动机运行，读取相关的故障码和数据流，必要时进行动作测试。

1）进入诊断仪检测界面，选择"汽车诊断"窗口，如图1-2-7所示。

图1-2-7 故障码读取诊断流程（1）

2）单击"汽车诊断"窗口，进入"汽车诊断"界面，如图1-2-8所示。

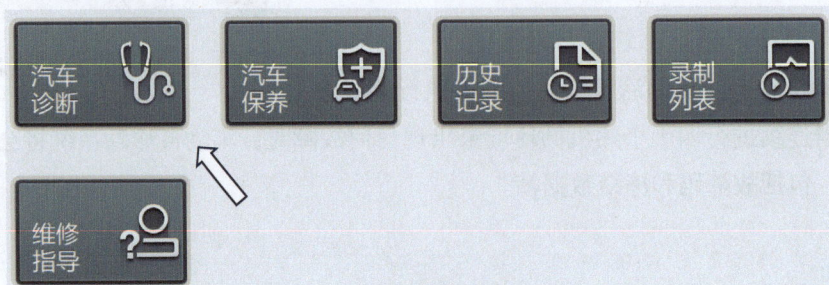

图1-2-8 故障码读取诊断流程（2）

3）根据车辆上的铭牌信息，选择车型、生产日期、整车型号及发动机型号等信息，如图1-2-9所示。

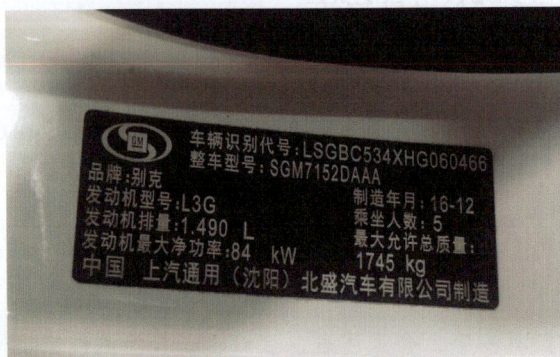

图1-2-9 故障码读取诊断流程（3）

4）按照诊断流程要求，对应车型、生产日期，进入诊断程序，单击"发动机控制模块"，如图1-2-10所示。

图1-2-10 故障码读取诊断流程（4）

5）单击"读取故障码"，读出相关的故障码信息，如图1-2-11所示。

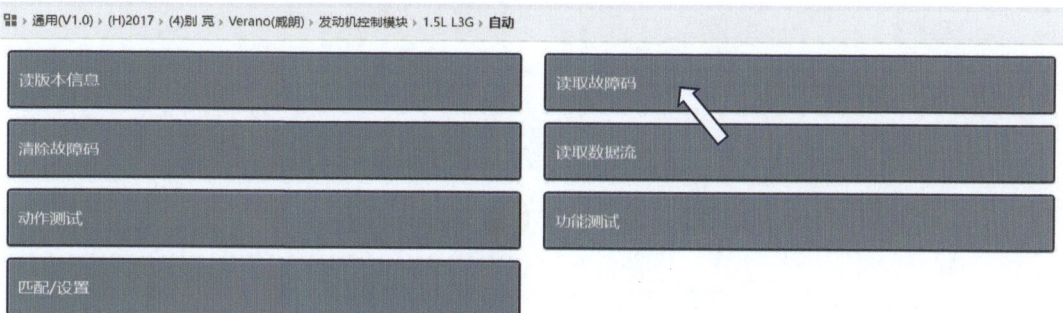

图1-2-11 故障码读取诊断流程（5）

6）故障码指示显示，如图1-2-12所示。该故障码可能是当前故障码，也可能是历史故障码（仅有历史记录，故障已经排除，但没有完成四十个热机循环检测，仍保留故障记录）。

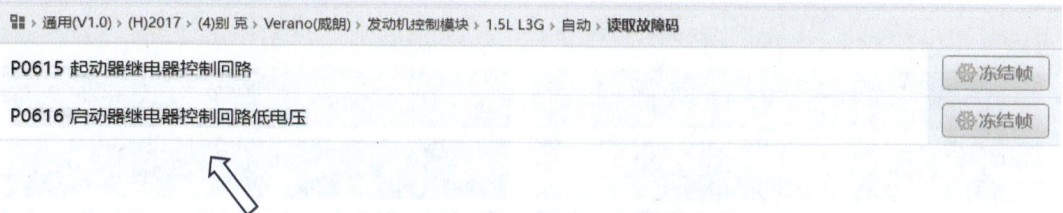

图1-2-12 故障码读取诊断流程（6）

7）清除故障码。发动机熄火后，将点火开关置于ON位置，此时执行清除故障码程序，如图1-2-13所示。

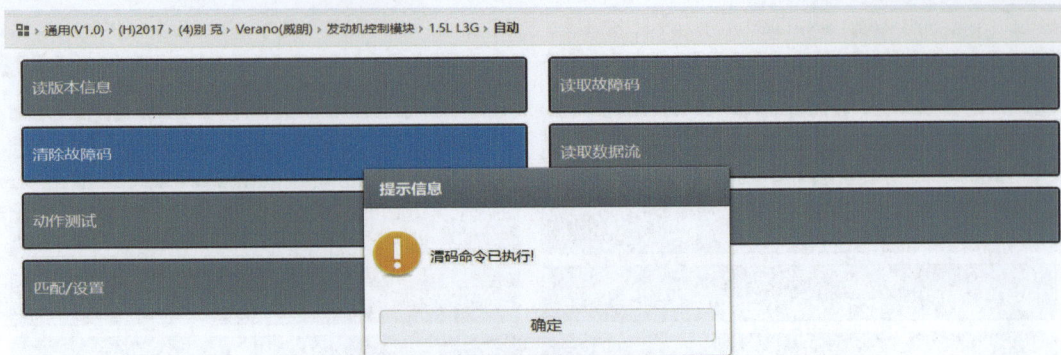

图1-2-13　故障码读取诊断流程（7）

8）故障码再次读取验证。起动发动机运行，尽量达到一个热机循环，再次读取故障码，确认是否出现相关故障码记录，如图1-2-14所示。

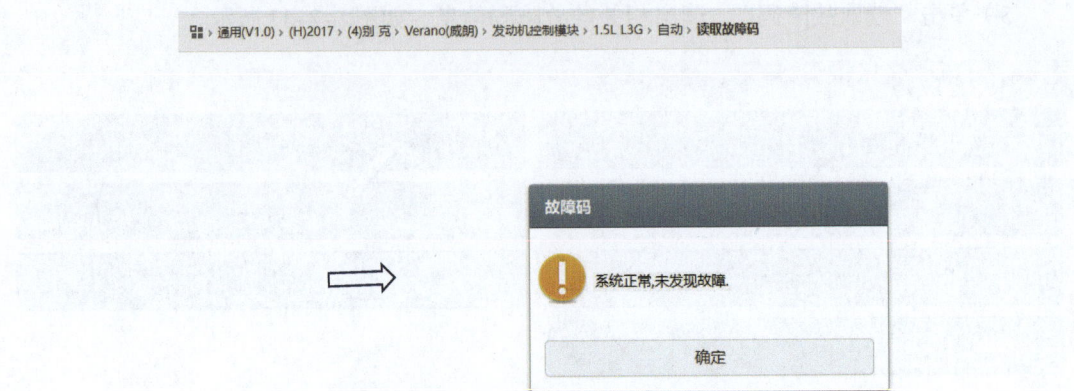

图1-2-14　故障码读取诊断流程（8）

二、读取动态数据流

1）选择读取数据流界面，单击"读取数据流"窗口，如图1-2-15所示。

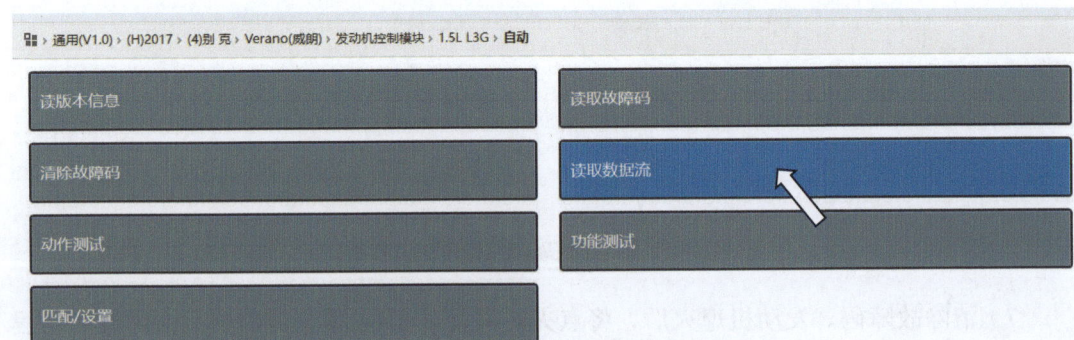

图1-2-15　动态数据流读取诊断流程（1）

2）单击要读取的数据流，如"发动机数据"，如图1-2-16所示。

发动机数据	自动变速箱数据	
凸轮轴位置传感器	发动机冷却和加热、通风及空调数据	
巡航控制,定速和牵引数据	电气和防盗数据	
蒸发排放数据	排气后处理数据	
燃油系统数据	燃油修正数据	
HO2S数据	点火系统	

图1-2-16　动态数据流读取诊断流程（2）

3）此时就能够在诊断仪上显示相关的数据流，如图1-2-17所示。

排序	名称	结果	单位
	发动机转速	711.50	RPM
	所需的怠速转速	696	RPM
	发动机冷却液温度传感器	74	degC
	进气温度传感器1	34	degC
	进气温度传感器2	34	degC
	进气温度传感器2	180	Hz
	进气温度传感器	51.76	%
	环境空气温度	31	degC

图1-2-17　动态数据流读取诊断流程（3）

三、动作测试

可用诊断仪对执行元件进行动作测试，判断故障部位（以区分"传感元件故障"还是"执行元件故障"）。

1）选择动作测试界面，单击"动作测试"窗口，如图1-2-18所示。

2）选择要进行"动作测试"的执行元件，如图1-2-19所示。

图1-2-18　执行元件动作测试诊断流程（1）

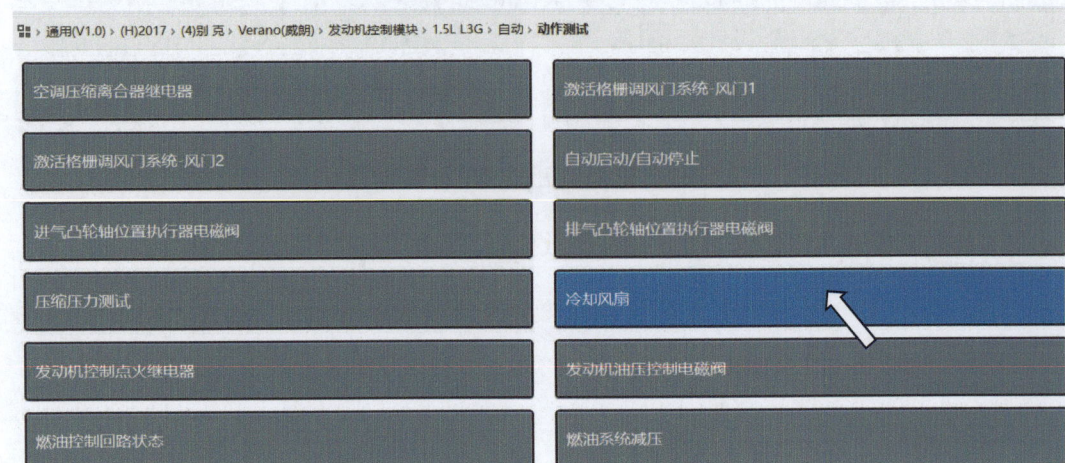

图1-2-19　执行元件动作测试诊断流程（2）

3）按程序要求完成动作测试，检查相关执行元件工作性能是否正常，如图1-2-20所示。

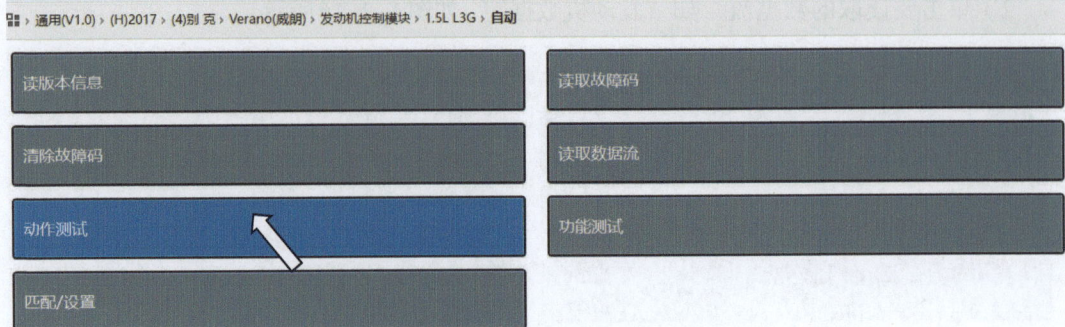

图1-2-20　执行元件动作测试诊断流程（3）

扫二维码观看微课 ➡

车用诊断仪的使用
（读码、数据流分析和动作测试）

学习任务三 示波器使用及性能分析

知识目标

1. 了解示波器用途、结构和工作原理的相关知识点。
2. 掌握示波器在车辆故障诊断中应用的相关知识点。

技能目标

1. 会用示波器对汽车上的主要传感器或执行器进行波形测试。
2. 会根据波形对传感器或执行器的工作性能进行分析。

素养目标

1. 培育学生团队意识、协作精神、责任意识和爱岗敬业精神。
2. 培育学生安全意识的形成，营造良好的工作、学习环境。
3. 培育学生积极思考、主动学习的能力。
4. 增强学生完成工作任务的执行力，培养对社会和企业的责任感。

知识储备 示波器的相关知识

一、示波器使用简介

1. 示波器主要用途

汽车上有些信号是随时间发生变化的，我们经常分析信号随时间变化的轨迹，判断其工作性能。对于随时间变化比较快的信号，靠肉眼是不会看到信号随时间实时变化图像的。因此引入了示波器，通过在短时间内采集信息，把信号随时间实时变化的规律显示在屏幕上。示波器主要实现以下功能：

1）测量直流信号、交流信号的电压或电流随时间变化的幅度。

2）测量交流信号的周期，并换算出该信号的频率。

3）可以显示交流信号的波形。

4）可以通过多个通道进行随时间变化的关联信号之间的比对。

2. 示波器工作过程

通过示波器的表笔采集相关信号，输入的电压（电流）信号经耦合电路送至前端放大器，前端放大器将信号放大后，提高了示波器的灵敏度和动态范围。放大器输出的信号由取样和保持电路进行采样，并由A/D转换器数字化，信号变成了数字形式存入内存中，微处理器对内存中的数字化信号波形进行相应的处理，并在显示屏上呈现出来，其工作过程如图1-3-1所示。

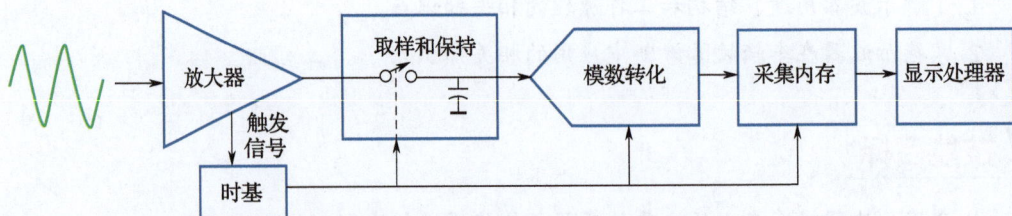

图1-3-1 数字存储示波器工作过程示意图

3. 与示波器相关的重要术语

示波器带宽、采样率和存储深度是示波器的三大关键指标。

（1）示波器带宽

示波器带宽反映了信号频率的通过能力。带宽越大，对信号中的各种频率成分（特别是高频成分）越能准确有效地放大与显示。如果带宽不够，那就会损失很多的高频成分，信号自然就显示不准确，出现较大误差。

要求示波器采样频率必须大于被采样信号带宽的两倍以上，如信号的带宽是100Hz，为了避免混叠现象（显示信号失真），采样频率必须大于200Hz，否则就不能从信号采样中恢复原始信号。

（2）采样率

采样（sampling）是把连续信号采集成离散信号的过程，连续信号必须经过采样和量化才能被计算机识别，通过测量"等时间内"间隔波形的电压（电流）幅值，把该电压（电流）信号转换成八位的二进制代码式数字信息，如图1-3-2所示。

采样率（sampling rate）就是采样的时间间隔，为每秒从连续的信号中提取并组成离散信号的采样个数，其单位为Hz或S/s（次/秒）。如示波器的采样率是200000000次/秒（200MS/s），则意味着每0.005μs进行一次采样。

采样是等间隔地进行

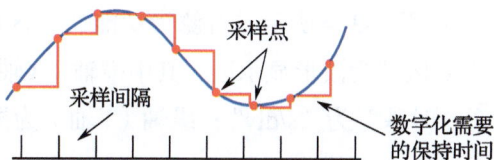

采样时发生了什么?

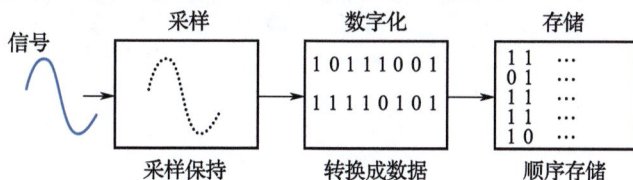

图1-3-2　示波器采样示意图

采样间隔时间越短，单位时间内对信号的采集就越多，信号中的信息保留会越多，丢失信息便少，转换出的数字量就会准确反映信号的数值，重建起来的波形就和原始信号越接近，如图1-3-3所示。

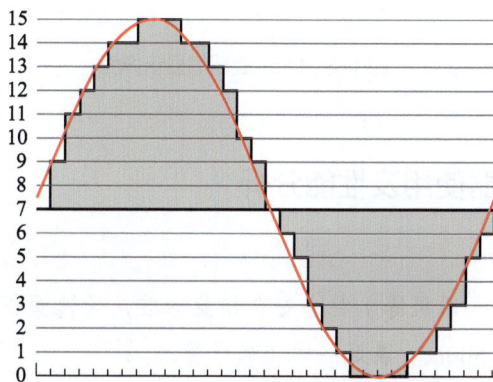

图1-3-3　采样率对信号失真的影响关系

（3）存储深度

把经过A/D数字化的八位二进制波形信息存储到示波器的高速芯片内存中，就是示波器的存储，内存的容量（存储深度）对采样率影响较大，在最大存储深度一定的情况下，存储速度越快，存储时间就越短（存储深度＝采样率×采样时间）。

通常把示波器显示水平刻度分为10格，每格所代表的时间长度即为时基（time base），单位是t/div，所以采样时间为"时基"的十倍，即在"存储深度"一定的情况下，

"时基"选择的时间越长，"采样率"就越低。

二、示波器显示屏简介

示波器显示界面如图1-3-4所示，右侧为功能调整区域，包括通道、周期、信号类型、触发方式等；左侧区域为波形显示区，其中横轴（X轴）为采样的时间区域，共有十个"时基"，即每个"时基"为"s/div"；纵轴（Y轴）为振动幅值区域，共有八个幅度，即每格等于"V/div"或"A/div"。

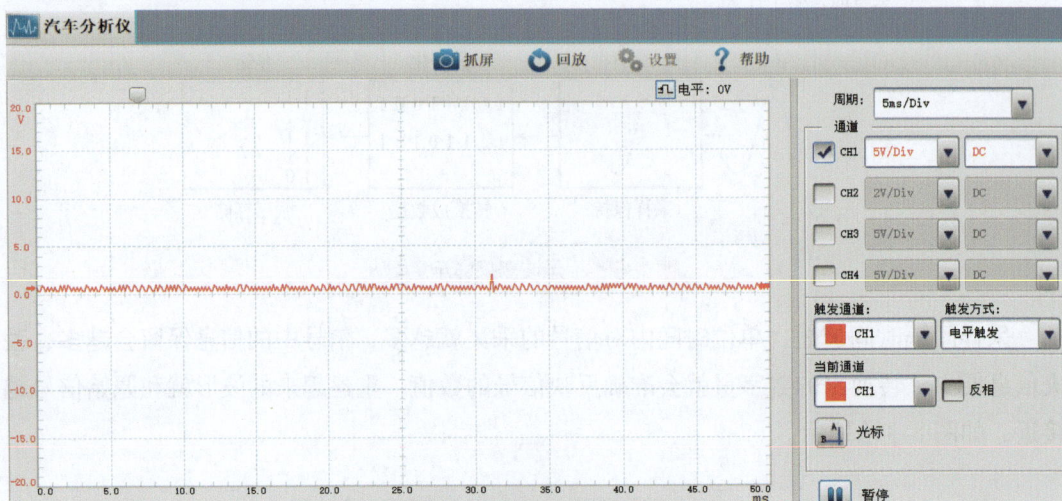

图1-3-4 示波器的显示界面

任务实施 示波器使用及性能分析

场所要求

1）场所设施（供电、通风等）符合安全作业标准，场地面积在$60m^2$以上。

2）采光条件（大于500lx）满足一体化教学需求。

3）能够满足30人左右的班级分组学习需求。

项目准备

1）汽车维修通用工具一套，含万用表、试灯、跨接检测线等。

2）四通道示波器1台，综合性能检测仪1台。

3）上汽通用别克威朗15S进取型轿车1部。

4）长城哈弗2021款M6 PLUS SUV 1部。

一、示波器的"单通道"功能测量实例

1. 检测车辆及诊断仪型号

1）检测车辆：别克威朗15S，发动机型号L3G。

2）诊断仪型号：博世720。

2. 示波器检测线路连接

示波器"（＋）表笔"连接进气侧凸轮轴位置传感器端子B23F/3，"（－）表笔"连接低电平参考端子B23F/2，如图1-3-5所示。

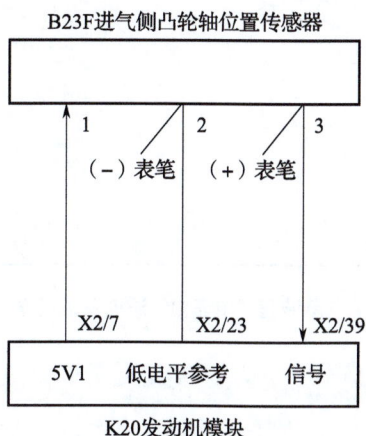

图1-3-5 进气侧凸轮轴位置传感器波形测试连接示意图

3. 测试过程

1）示波器进入"汽车分析仪"界面，如图1-3-6所示。

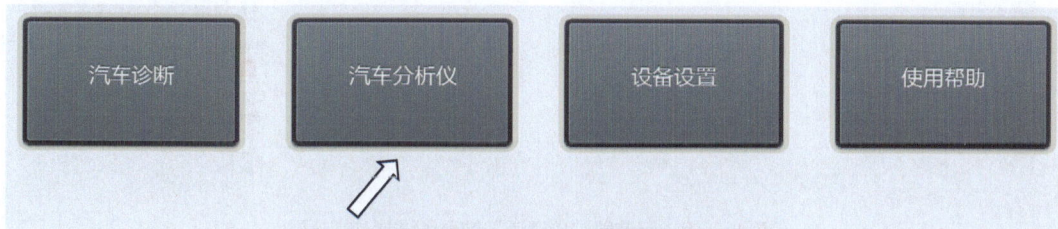

图1-3-6 示波器"单通道"波形测试操作（1）

2）进入"通用示波器"测试界面，如图1-3-7所示。

3）发动机运转，测出示波器波形，默认的示波器横轴为每格100ms/div，纵轴为每格5V/div，如图1-3-8所示。

从波形图上可知，横轴"时基"选择的太长了，纵轴"幅度值"单位选择的过大了。

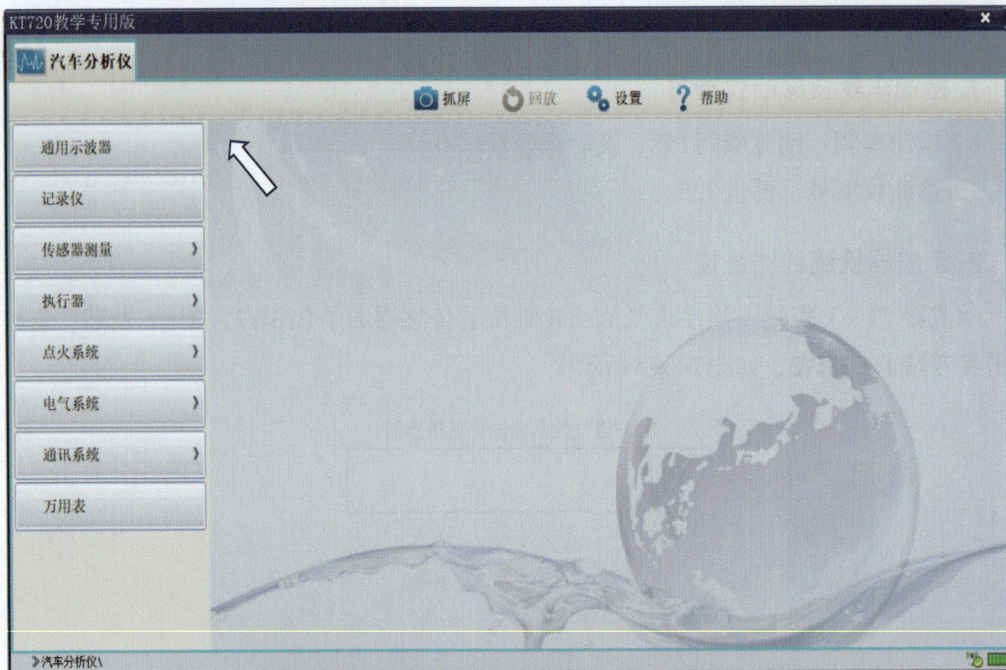

图 1-3-7 示波器"单通道"波形测试操作（2）

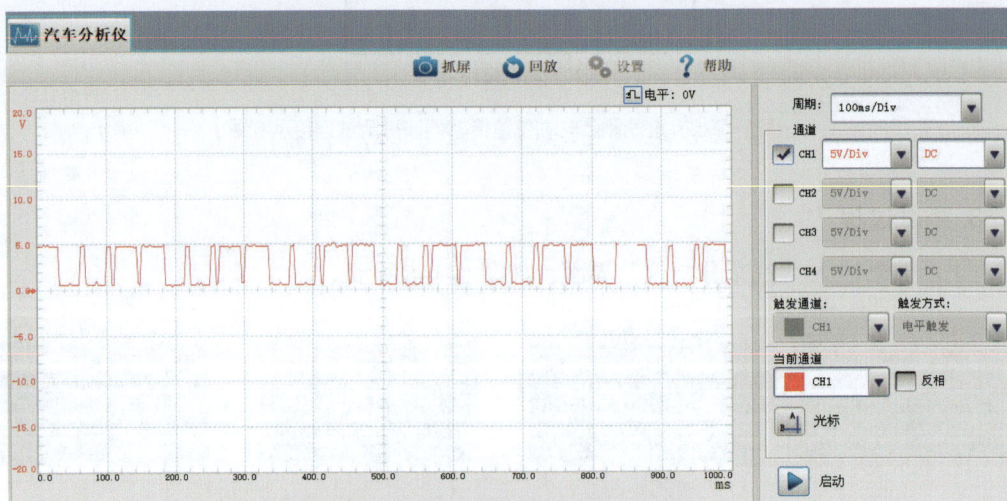

图 1-3-8 示波器"单通道"波形测试操作（3）

4）选择横轴的"时基"，每格为25ms/div，能够显示凸轮轴位置传感器的一个周期波形，如图1-3-9所示。

5）选择纵轴的"幅度值"电压，每格为2V/div，提高图像的纵向高度，如图1-3-10所示。

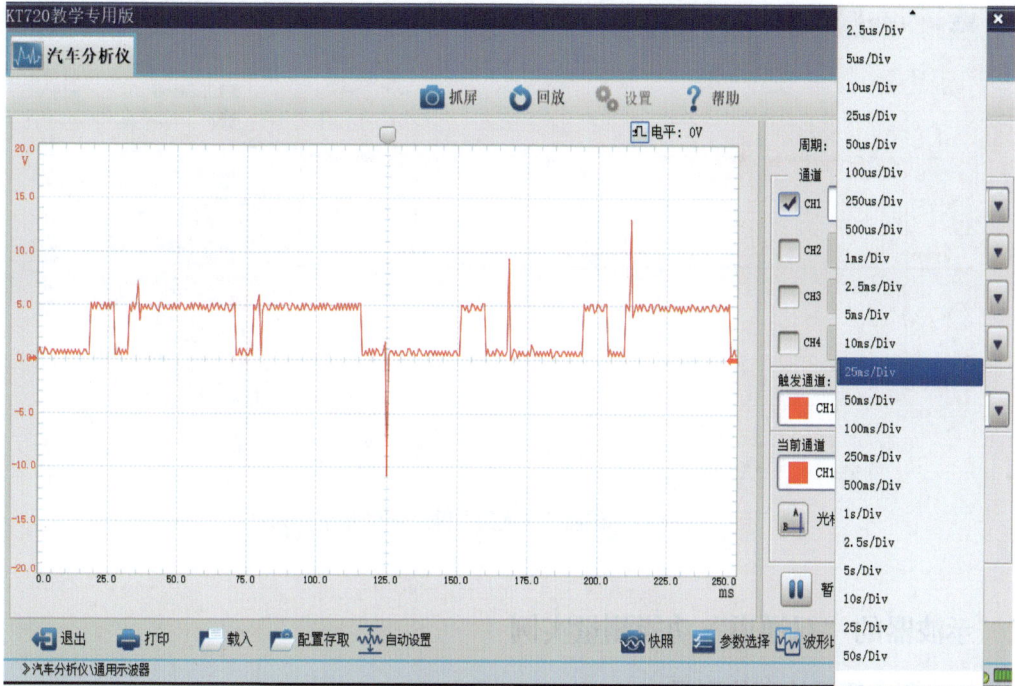

图 1-3-9 示波器"单通道"波形测试操作（4）

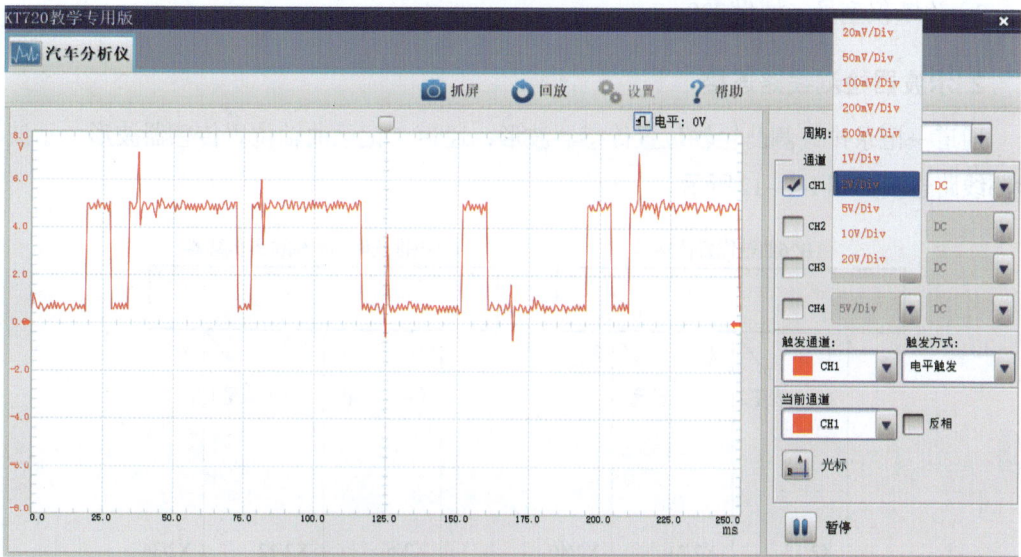

图 1-3-10 示波器"单通道"波形测试操作（5）

6）通过暂停键定格波形，单击"光标"按钮进行波形测试，进气侧凸轮轴位置传感器的周期为 178.41ms，幅值为 5.08V，如图 1-3-11 所示。

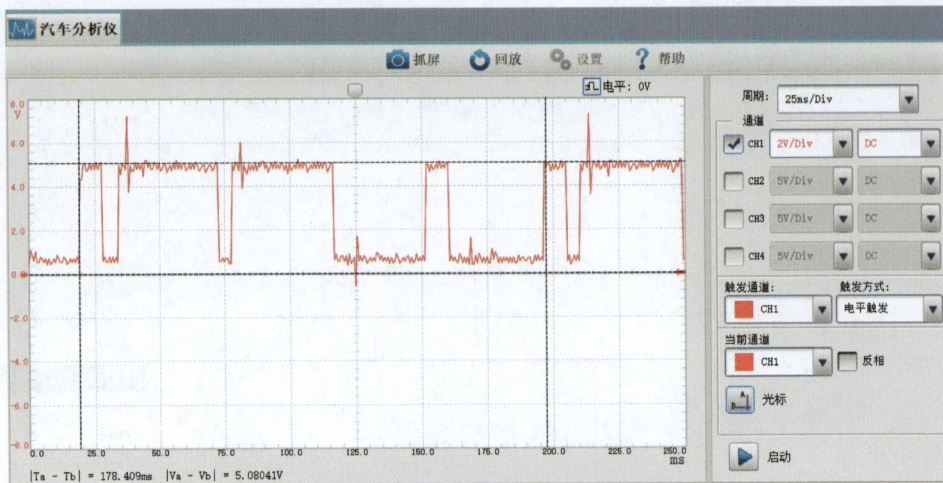

图1-3-11 示波器"单通道"波形测试操作（6）

二、示波器的"双通道"功能测量实例

1. 检测车辆及诊断仪型号

1）检测车辆：别克威朗15S，发动机型号L3G。

2）诊断仪型号：博世720。

2. 示波器检测线路连接

通道一记录排气侧凸轮轴位置传感器波形，通道二记录曲轴位置传感器波形，示波器检测线路连接如图1-3-12所示。

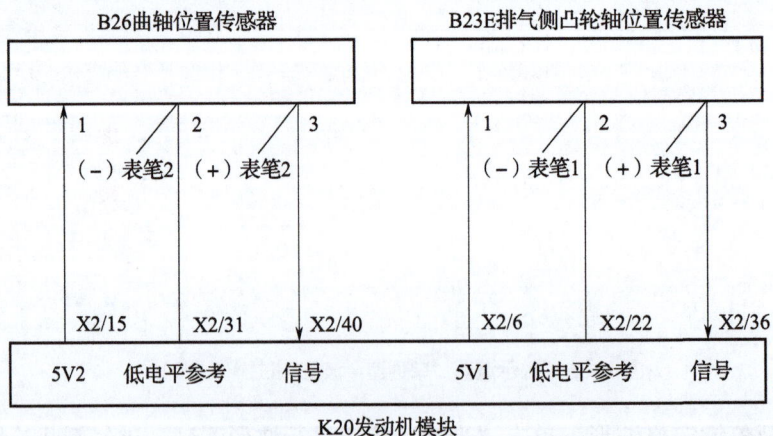

图1-3-12 排气侧凸轮轴位置传感器和曲轴位置传感器波形图测量连接示意图

通道一：示波器"（＋）表笔1"连接B23E/3，"（－）表笔1"连接B23E/2。

通道二：示波器"（＋）表笔2"连接B26/6，"（－）表笔2"连接B26/2。

波形图截屏如图1-3-13所示，横轴每格时间为25ms/div；通道一纵轴每格电压为2V/div，通道二纵轴每格电压为2V/div。

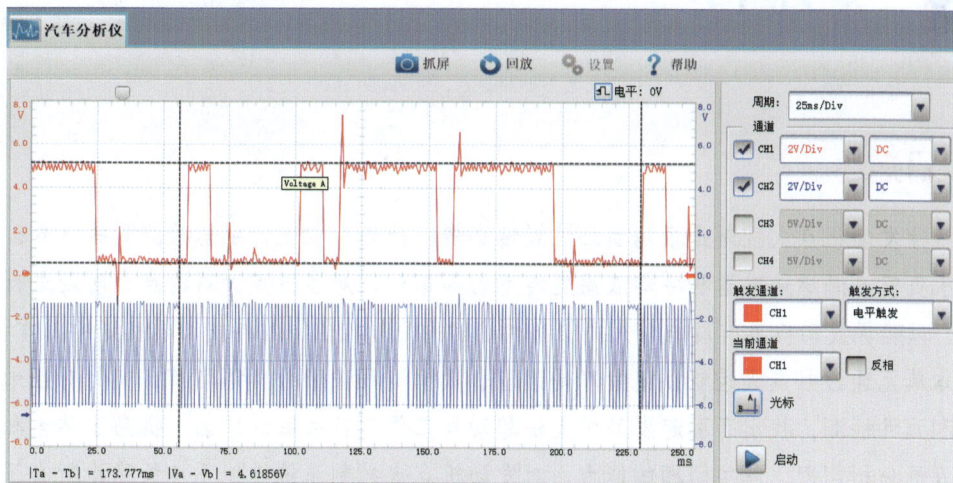

图1-3-13　示波器"双通道"波形测试截图

3. 波形分析

1）在双通道波形测试中，两个通道的周期是一致的。

2）通过对两个测试波形的比对和分析，可知发动机配气正时工作正常。

扫二维码观看微课

示波器使用及
性能分析

项目二 发动机点火控制系统故障诊断与排除

项目描述

汽油发动机点火控制是根据曲轴位置传感器、凸轮轴位置传感器检测到的信号，结合发动机负荷、爆燃传感器和冷却液温度传感器等信号，对各缸点火器的点火时刻进行精确控制，以确保发动机具有最佳点火提前角和准确的配气相位，维持发动机良好的工作状态。

本单元通过对点火控制系统故障码读取、数据流和波形分析等环节，有针对性地进行线路和元件检测，找出了引起发动机无法起动和工作不良故障的原因，提高了学生和维修作业人员分析问题、解决问题的能力，对发动机点火控制系统性能不良故障诊断有了较全面的认识。

学习任务一 曲轴位置传感器检测

知识目标

1. 了解曲轴位置传感器的类型和用途。
2. 掌握曲轴位置传感器确保点火控制系统正常工作的相关知识点。

技能目标

1. 会用诊断仪和示波器对曲轴位置传感器性能进行检测。
2. 会用万用表对线路和元件进行基本性能检测。

素养目标

1. 培育学生团队意识、协作精神、责任意识和爱岗敬业精神。
2. 培育学生安全意识的形成，营造良好的工作、学习环境。
3. 培育学生积极思考、主动学习的能力。
4. 增强学生完成工作任务的执行力，培养对社会和企业的责任感。

知识储备 曲轴位置传感器

发动机控制模块要准确获取曲轴转速和位置信号，以实现对点火时刻的精确控制。

一、曲轴位置传感器功能简介

曲轴位置传感器一般安装在曲轴后端的发动机机体侧面下方，用以检测曲轴转速和转角，该信号输入发动机控制单元后，确保发动机具备实时的最佳点火和喷油等功能。曲轴位置传感器安装位置如图2-1-1所示。

图 2-1-1　曲轴位置传感器安装位置示意图

二、曲轴位置传感器结构简介

目前在用的曲轴位置传感器主要有磁阻式和霍尔式两类。

（一）磁阻式曲轴位置传感器

磁阻式曲轴位置传感器一般为无源两线式结构，当曲轴旋转时，依附在曲轴上的低磁阻金属制成的圆盘脉冲环转动，切割永久磁铁形成的磁场，在线圈中感应出不同方向的电压信号，如图2-1-2所示。

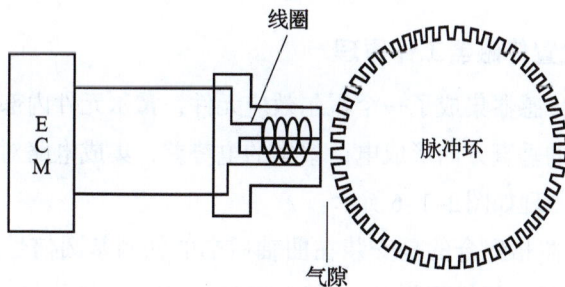

图 2-1-2　磁阻式曲轴位置传感器工作原理

该电压信号受曲轴转速影响较大，当发动机转速高时，信号电压高、频率大，反之信号电压低、频率小，如图2-1-3所示，故发动机转速较低时其工作性能不稳定，该类型传感器已不是在用车辆的主流产品。

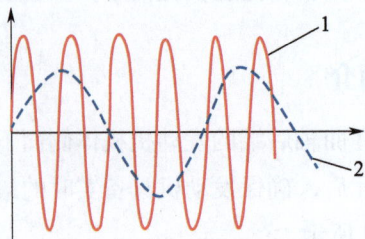

图2-1-3　转速对磁阻式曲轴位置传感器电压影响关系
1—转速快时，U大f高　2—转速低时，U小f低

（二）霍尔式曲轴位置传感器

1.霍尔式曲轴位置传感器结构

霍尔式曲轴位置传感器为三线有源式结构，其内部集成了一个霍尔元件，通过霍尔效应，传感器输出数字信号反映曲轴的运行状态，其形状如图2-1-4所示，线路连接如图2-1-5所示。

图2-1-4　曲轴位置传感器形状示意图

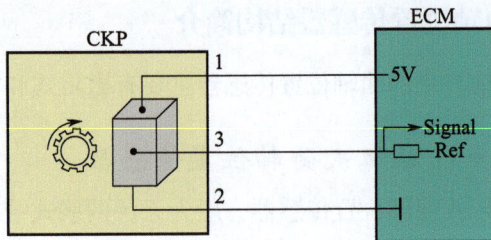

图2-1-5　曲轴位置传感器线路连接示意图
1—ECM提供的5V电源　2—ECM内部搭铁　3—输出的数字化信号

2.霍尔式曲轴位置传感器工作原理

霍尔式曲轴位置传感器集成了一个霍尔效应元件，霍尔元件内部电流在垂直磁场的作用下，在电流和磁场的垂直方向形成电荷聚集的电势差，集成电路对微小的电势差处理后输出数字信号，工作原理如图2-1-6所示。

与曲轴位置传感器相配合的是安装在曲轴后端的铁制基圆信号盘。一般情况下，信号盘被均匀等分为60份，每份间隔6°，其上有58个均布信号凸起，缺失的2个凸起（间隔18°）用以确定曲轴转角位置，即用以判定曲轴第一缸上止点位置。信号盘结构如图2-1-7所示。

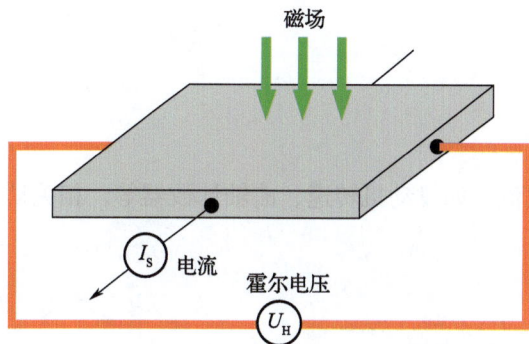

图 2-1-6　霍尔效应工作原理示意图

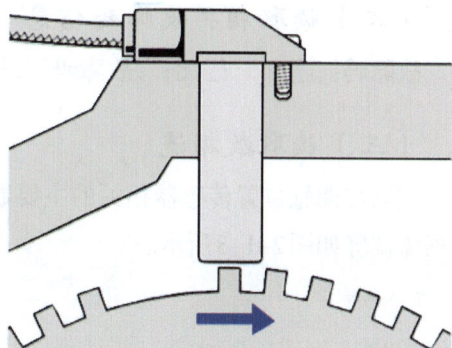

图 2-1-7　曲轴位置传感器信号盘结构示意图

注释：

有些车型（丰田车系）曲轴位置传感器相配合的铁制基圆信号盘，被均匀等分为36份，每份间隔10°，其上有34个均布信号凸起，缺失的2个凸起（间隔30°）用以确定曲轴转角位置，即用以判定曲轴第一缸上止点位置。

任务实施　曲轴位置传感器性能检测

场所要求

1）场所设施（供电、通风等）符合安全作业标准，场地面积在60m²以上。

2）采光条件（大于500lx）满足一体化教学需求。

3）能够满足30人左右的班级分组学习需求。

项目准备

1）汽车维修通用工具一套，含万用表、试灯、跨接检测线等。

2）四通道示波器1台，综合性能检测仪1台。

3）上汽通用别克威朗15S进取型轿车1部。

4）长城哈弗2021款M6 PLUS SUV1部。

一、曲轴位置传感器重要数据流检测

诊断仪连接车辆诊断接口，起动发动机运行，读取相关的故障码和数据流。

（一）检测车辆及诊断仪型号

1）检测车辆：别克威朗15S，发动机型号L3G。

2）诊断仪型号：博世720。

（二）读取相关故障码信息

故障码：□有　□无；　故障码记录：

（三）读取数据流

读取与曲轴位置传感器相关的主要数据流，如发动机转速、曲轴计数器等，相关动态数据流截屏如图2-1-8所示。

排序	名称	结果	单位
⏏	曲轴位置激活计数器	☑ 243	Counts
⏏	曲轴位置传感器	☑ 817	RPM
⏏	发动机转速	☑ 809.75	RPM
⏏	发动机负荷	☑ 19.22	%
⏏	节气门位置	☑ 11.97	%

图 2-1-8　曲轴位置传感器主要数据流

1）急速状态下发动机转速为810r/min左右。

2）曲轴位置激活计数器数值连续变化。

> 结论：通过对曲轴位置传感器、发动机转速、曲轴位置激活器等动态数据流分析，曲轴位置传感器性能正常。

二、曲轴位置传感器及相关线路检测

（一）霍尔式曲轴位置传感器检测

1. 检测车辆及诊断仪型号

1）检测车辆：别克威朗15S，发动机型号L3G。

2）诊断仪型号：博世720。

2. 相关线路检测

1）点火开关置于OFF位置，断开曲轴位置传感器线束端子插头，如图2-1-9所示。

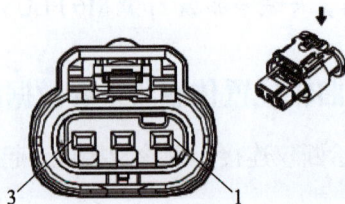

图 2-1-9　曲轴位置传感器 B26 线束端子插头

2）检测过程见表2-1-1。

表 2-1-1　曲轴位置传感器 B26 线束端子插头检测表

序号	端子号	检测条件	测量数据记录	结果判断
1	B26/2（低电平参考）	点火开关 OFF	B26/2 对地电阻 0.5Ω 左右	正常
2	B26/1（5V 电源）	点火开关 ON	B26/1 对地电压 5V	正常
3	B26/3（信号）	点火开关 ON	1）B26/3 对地电压 5V 2）用带熔丝的跨接线一端连接 B26/3，另一端连续搭铁，曲轴位置计数器动作	正常
结论	1. 发动机模块 K20 至曲轴位置传感器 B26 间线路正常 2. 发动机模块 K20 正常			

3. 曲轴位置传感器 B26 检测

1）确认曲轴位置传感器在机体上安装情况良好。

2）点火开关置于 OFF 位置，断开 B26 线束插头，拆下曲轴位置传感器后，将曲轴位置传感器与线束插头连接好。

3）点火开关置于 ON 位置，用平口螺丝刀在传感器头部连续晃动，诊断仪上显示曲轴位置计数器动作。

检测结论：曲轴位置传感器正常。

（二）磁阻式曲轴位置传感器检测

1. 检测车辆及诊断仪型号

1）检测车辆：长城哈弗 2021 款 M6 PLUS，发动机型号 GW4G15F。

2）诊断仪型号：博世 720。

2. 相关线路检测

1）点火开关置于 OFF 位置，断开曲轴位置传感器线束端子插头 PZ08。

2）检测过程见表 2-1-2。

表 2-1-2　曲轴位置传感器 PZ08 线束端子插头检测表

序号	端子号	检测条件	测量数据记录	结果判断
1	PZ08/1（信号线）	点火开关 ON	PZ08/1 对地电压 1.85V 左右	正常
2	PZ08/2（信号线）	点火开关 ON	PZ08/2 对地电压 1.85V 左右	正常
结论	1. 发动机模块 PZ01 至曲轴位置传感器 PZ08 间线路正常 2. 发动机模块 PZ01 正常			

3. 曲轴位置传感器 PZ08 检测

1）确认曲轴位置传感器在机体上安装情况良好。

2）点火开关置于 OFF 位置，断开 PZ08 线束插头，测量该元件 PZ08/1 与 PZ08/2 间的电阻，其阻值约为 1180Ω，如图 2-1-10 所示。

检测结论：曲轴位置传感器正常。

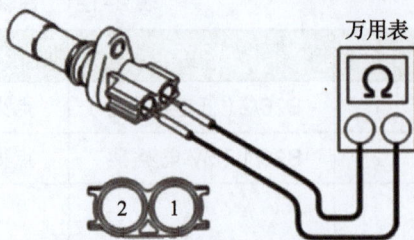

图 2-1-10 曲轴位置传感器检测

拓展提升　曲轴位置传感器波形检测

一、示波器检测线路连接

示波器"（+）表笔"连接曲轴位置传感器端子 B26/3，"（-）表笔"连接低电平参考端子 B26/2，如图 2-1-11 所示。

二、示波器检测波形图

曲轴位置传感器波形截屏如图 2-1-12 所示，其中波形图横轴每格时间为 10ms/div，纵轴每格电压为 2V/div。

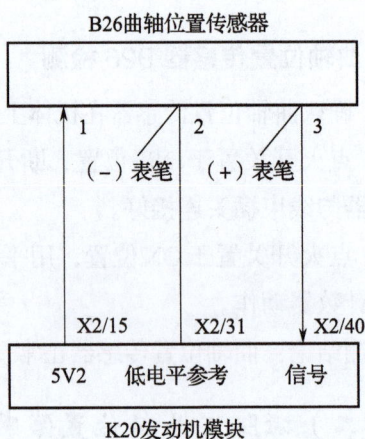

图 2-1-11 曲轴位置传感器波形检测连接示意图

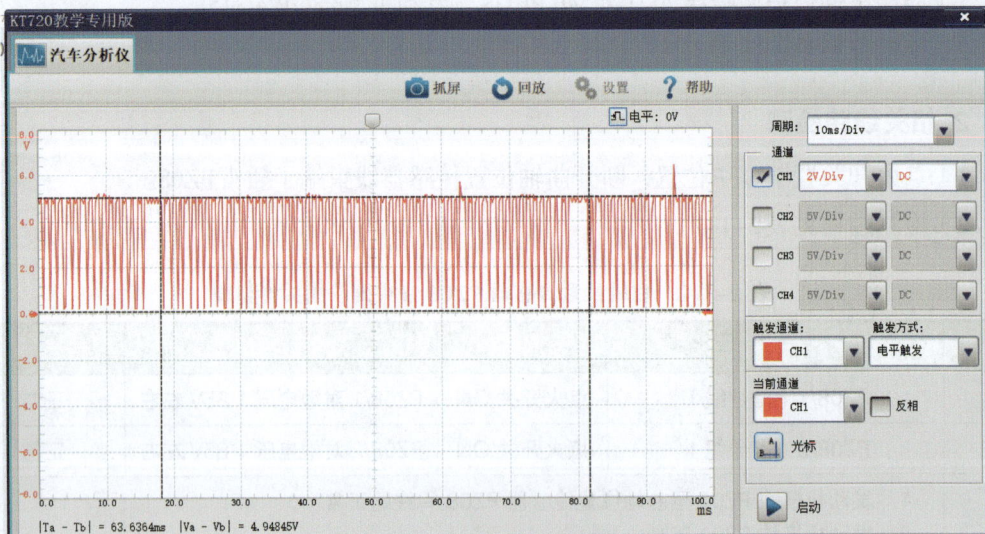

图 2-1-12 曲轴位置传感器波形图

三、波形分析

1）波形图的横轴：怠速状况下曲轴位置传感器周期为63.64ms。

2）波形图的纵轴：电压为4.95V。

3）通过波形图，计算出曲轴转速为942r/min，读取此时仪表板上的发动机转速表指示值，两个数据基本一致。

检测结论：曲轴位置传感器工作性能正常。

扫二维码观看微课 ➡

曲轴位置传感器检测

学习任务二 凸轮轴位置传感器及可变正时执行器检测

▌知识目标

1. 了解凸轮轴位置传感器的类型和用途。

2. 掌握可变正时执行器正常工作的相关知识点。

▌技能目标

1. 会用诊断仪和示波器对凸轮轴位置传感器性能进行检测。

2. 会用诊断仪和示波器对可变正时执行器进行检测。

▌素养目标

1. 培育学生团队意识、协作精神、责任意识和爱岗敬业精神。

2. 培育学生安全意识的形成，营造良好的工作、学习环境。

3. 培育学生积极思考、主动学习的能力。

4. 增强学生完成工作任务的执行力，培养对社会和企业的责任感。

知识储备 发动机配气机构

一、凸轮轴位置传感器

（一）凸轮轴位置传感器功能简介

曲轴位置传感器能够测量曲轴转速及转角，但对四冲程发动机却无法准确判断活塞连杆组处于压缩上止点还是排气上止点，为准确判定各缸工作行程和配气相位角，需安装凸轮轴位置传感器，凸轮轴位置传感器如图2-2-1所示。

图 2-2-1　凸轮轴位置传感器结构示意图

（二）凸轮轴位置传感器结构简介

凸轮轴位置传感器多采用三线霍尔式结构，工作原理和接线方式与三线式霍尔曲轴位置传感器相同，如图2-2-2所示。凸轮轴位置传感器信号盘安装在凸轮轴后端，一般情况下信号盘凸起数与气缸数相同，各凸起形状不同，以区分各缸的压缩上止点位置。对于四冲程发动机而言，曲轴旋转两圈，凸轮轴转动一圈，曲轴与凸轮轴之间有准确的配气相位对应关系。

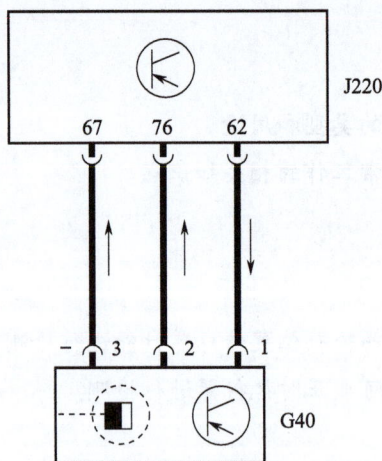

图 2-2-2　三线式霍尔凸轮轴位置传感器连接方式

1—电源正极端子　2—信号输出端子　3—电源负极端子

对于具有进气侧和排气侧可变正时调节机构的发动机，一般安装有进气侧和排气侧两个凸轮轴位置传感器，分别检测进气和排气凸轮轴的配气相位，以反馈两侧可变正时机构的工作状态。

二、可变正时执行器

（一）发动机配气相位

1.发动机正时功能简介

对于四冲程发动机，活塞在一个工作循环内完成进气、压缩、做功、排气四个行程，由配气机构驱动进排气门定时开启、关闭，配合曲柄连杆机构完成发动机工作循环，因此曲轴与凸轮轴之间有着严格的对应关系，如图2-2-3所示。

2.配气相位

用曲轴转角将进排气门开启与关闭时刻，同发动机曲轴位置对应起来，就是配气相位，如图2-2-4所示。对于没有可变正时调节机构的发动机，配气相位在发动机工作过程中不会随着工况的变化而改变。

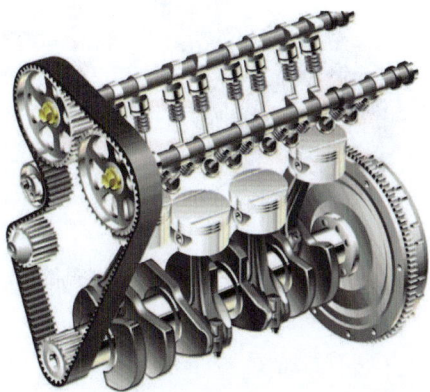

图2-2-3 配气传动机构工作示意图

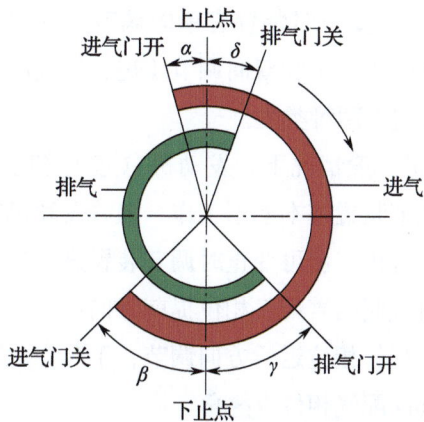

图2-2-4 发动机配气相位角

（二）发动机配气相位的调节

1.可变配气调节功能简介

固定的曲轴与凸轮轴的对应关系，即不变的配气相位虽然是在各种工况下选取的优化方案，但仍不能满足发动机复杂多变的工况需求，当发动机工况变化时，配气相位应及时调整，以满足复杂工况下配气相位变化的需求。

发动机工作时，电控单元接收空气流量、节气门开度、冷却液温度、机油压力、曲轴位置传感器和凸轮轴位置传感器等信号，控制凸轮轴正时机构调节阀线圈供电的占空比，以改变正时齿轮与凸轮轴间相对位置，满足曲轴和凸轮轴位置随工况变化而调节的需求，实现动态可变的配气相位。可变配气相位组成及原理如图2-2-5所示，可变正时控制简图如图2-2-6所示。

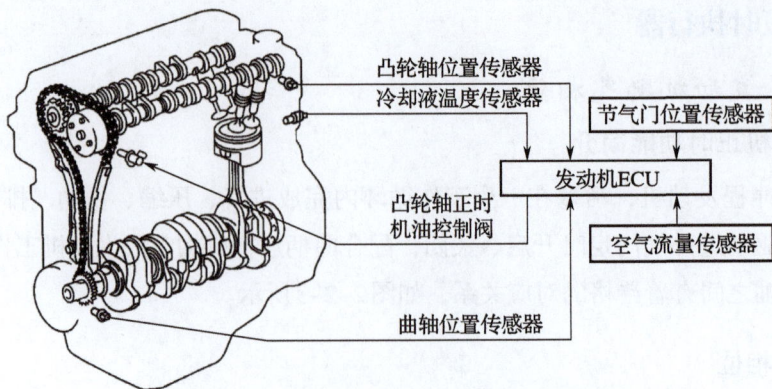

图 2-2-5　可变配气相位组成及原理简图

2. 可变正时控制装置重要知识点

1）可变正时装置有单向调节（仅进气侧调节可变正时）和双向调节（进、排气侧调节可变正时）两种类型。

2）一般情况下，发动机怠速工作时可变正时调节装置基本上不工作，随着发动机转速升高，进排气侧可变正时调节装置进入工作状态，进气侧朝着配气相位提前方向调节，排气侧朝着配气相位迟后方向调节，工况变化时实现不同的配气相位重叠角。

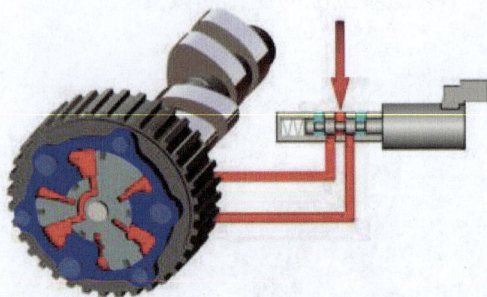

图 2-2-6　可变正时控制简图

3）当曲轴位置传感器、凸轮轴位置传感器和发动机负荷等相关信号有一个不正常时，可变正时调节装置便不会投入工作，即无法进行可变正时调节，其控制逻辑如图 2-2-7 所示。

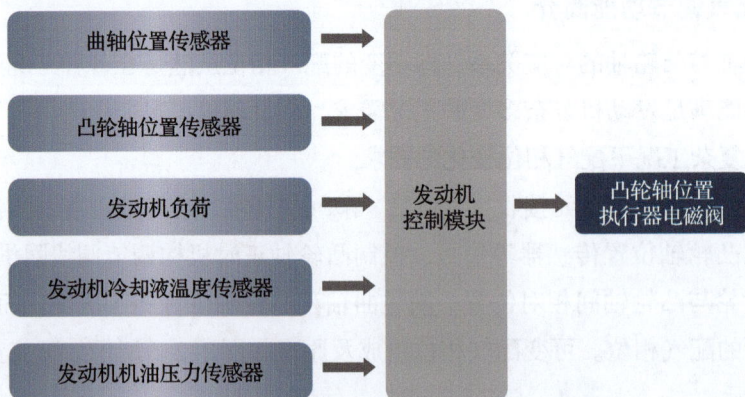

图 2-2-7　发动机可变正时装置控制逻辑简图

4）发动机在低、中等负荷下，通过增加进排气门的重叠角，使部分废气窜入进气系统，实现了废气再循环，降低气缸内混合气的温度，控制了NO_x的生成，如图2-2-8所示。通过合理调节进排气门重叠角，可实现废气再循环装置的功能，故有些发动机不再配备废气再循环装置。

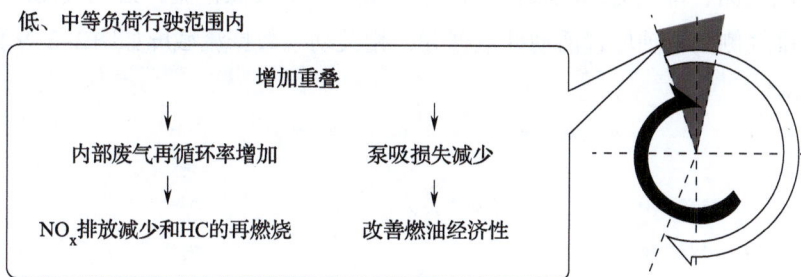

图2-2-8 合理的气门重叠角实现废气再循环功能示意图

任务实施 凸轮轴位置传感器及可变正时执行器检测

场所要求

1）场所设施（供电、通风等）符合安全作业标准，场地面积在60m² 以上。

2）采光条件（大于500lx）满足一体化教学需求。

3）能够满足30人左右的班级分组学习需求。

项目准备

1）汽车维修通用工具一套，含万用表、试灯、跨接检测线等。

2）四通道示波器1台，综合性能检测仪1台。

3）上汽通用别克威朗15S进取型轿车1部。

4）长城哈弗2021款M6 PLUS SUV1部。

一、凸轮轴位置传感器性能检测

（一）凸轮轴位置传感器重要数据流检测

诊断仪连接车辆诊断接口，起动发动机运行，读取相关的故障码和数据流。

1. 检测车辆及诊断仪型号

1）检测车辆：别克威朗15S，发动机型号L3G。

2）诊断仪型号：博世720。

2. 读取相关故障码信息

故障码：□有　　□无；故障码记录：

3. 读取相关的主要数据流

读取与进气侧、排气侧凸轮轴位置传感器相关的主要数据流，如进气侧凸轮轴位置活动计数器、排气侧凸轮轴位置活动计数器等，相关动态数据流截屏如图2-2-9所示。

图 2-2-9　进、排气侧凸轮轴位置传感器主要数据流

1）进气侧凸轮轴位置活动计数器连续动作。

2）排气侧凸轮轴位置活动计数器连续动作。

> **结论**：进气侧、排气侧凸轮轴位置传感器工作性能正常。

（二）凸轮轴位置传感器及相关线路检测

1. 检测车辆及诊断仪型号

1）检测车辆：别克威朗15S，发动机型号L3G。

2）诊断仪型号：博世720。

2. 相关线路检测

1）点火开关置于OFF位置，断开凸轮轴位置传感器线束端子插头，如图2-2-10所示。

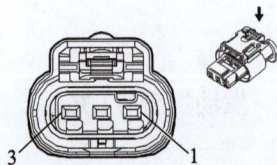

图 2-2-10　进气侧凸轮轴位置传感器 B23F 线束端子插头

2）检测过程见表2-2-1。

表 2-2-1　进气侧凸轮轴位置传感器 B23F 线束端子插头检测表

序号	端子号	检测条件	测量数据记录	结果判断
1	B23F/2（低电平参考）	点火开关 OFF	B23F/2 对地电阻 0.5Ω 左右	正常
2	B23F/1（5V 电源）	点火开关 ON	B23F/1 对地电压 5V	正常
3	B23F/3（信号）	点火开关 ON	1）B23F/3 对地电压 5V 2）用带熔丝的跨接线一端连接 B23F/3，另一端连续搭铁，凸轮轴位置计数器动作	正常
结论	1. 发动机模块 K20 至进气侧凸轮轴位置传感器 B23F 间线路正常 2. 发动机模块 K20 正常			

（三）进气侧凸轮轴位置传感器波形检测

1. 示波器检测线路连接

示波器"（+）表笔"连接进气侧凸轮轴位置传感器端子 B23F/3，"（-）表笔"连接低电平参考端子 B23F/2，如图 2-2-11 所示。

2. 示波器检测波形图

进气侧凸轮轴位置传感器波形截屏如图 2-2-12 所示，横轴每格时间为 25ms/div，纵轴每格电压为 2V/div。

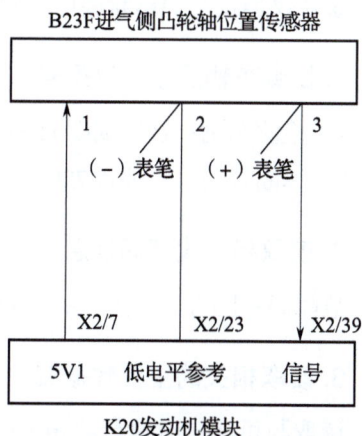

图 2-2-11　进气侧凸轮轴位置传感器波形测试连接示意图

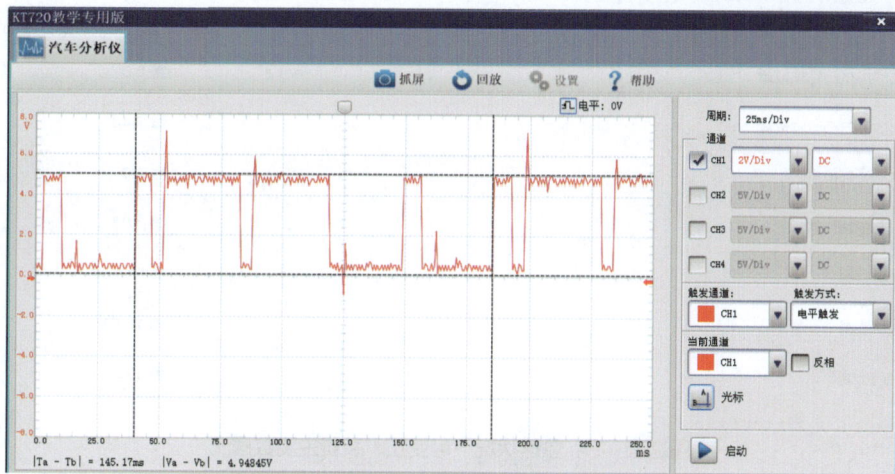

图 2-2-12　进气侧凸轮轴位置传感器波形图

3. 波形分析

1）波形图横轴：急速状况下进气侧凸轮轴位置传感器周期为145.17ms。

2）波形图纵轴：电压为4.95V。

3）通过波形图，计算出进气侧凸轮轴转速为413r/min，曲轴转速为826r/min，两者存在两倍关系。

> **结论**：进气侧凸轮轴位置传感器性能正常。

二、凸轮轴可变正时执行器检测

（一）可变正时执行器重要数据检测

诊断仪连接车辆诊断接口，起动发动机运行，读取相关的故障码和数据流。

1. 检测车辆及诊断仪型号

1）检测车辆：别克威朗15S，发动机型号L3G。

2）诊断仪型号：博世720。

2. 读取相关故障码信息

故障码：□有　□无；故障码记录：

3. 读取相关的主要数据流

读取与可变正时执行器相关的主要数据流，如进气侧和排气侧凸轮轴位置调节状况，发动机急速和转速2000r/min时相关动态数据截屏如图2-2-13、图2-2-14所示。

排序	名称	结果	单位
	所需的排气凸轮轴位置	0.0	deg
	所需的进气凸轮轴位置	7.42	deg
	排气凸轮轴位置	0.0	deg
	进气凸轮轴位置	7.03	deg
	发动机转速	910.00	RPM
	发动机负荷	18.82	%
	节气门位置	12.91	%

通用(V1.0) ▸ (H)2017 ▸ (4)别 克 ▸ Verano(威朗) ▸ 发动机控制模块 ▸ 1.5L L3G ▸ 自动 ▸ 读取数据流 ▸ 凸轮轴位置传感器

图2-2-13　急速状况下可变正时装置主要数据流

排序	名称	结果	单位
	所需的排气凸轮轴位置	✓ 7.42	deg
	所需的进气凸轮轴位置	✓ 12.11	deg
	排气凸轮轴位置	✓ 7.03	deg
	进气凸轮轴位置	✓ 12.11	deg
	发动机转速	✓ 1988.50	RPM
	发动机负荷	✓ 16.47	%
	节气门位置	✓ 21.10	%

通用(V1.0) ▸ (H)2017 ▸ (4)别克 ▸ Verano(威朗) ▸ 发动机控制模块 ▸ 1.5L L3G ▸ 自动 ▸ 读取数据流 ▸ 凸轮轴位置传感器

图 2-2-14　2000r/min 状态下可变正时装置主要数据流

1）急速时可变正时调节装置几乎不工作。

2）随着发动机转速升高，进气侧和排气侧可变正时调节装置均投入工作。

> 结论：进气侧和排气侧"所需的凸轮轴位置"与"调节后的位置"对应，进排气侧可变正时调节装置工作正常。

（二）排气侧可变正时执行元件检测

1. 排气侧可变正时执行元件静态检测

1）点火开关置于OFF位置，拆下蓄电池负极，从发动机上拆下排气侧可变正时执行元件。

2）用万用表检测执行元件的线圈电阻，其阻值应该在6~10Ω左右。

2. 排气侧可变正时执行元件动态检测

1）用跨接线连接可变正时执行元件两接线端子，然后对其施加12V蓄电池电压。

2）通电后滑阀能迅速打开，断电后滑阀能迅速关闭，滑阀移动无卡滞状况存在。

（三）排气侧可变正时执行器波形检测

1. 示波器检测线路连接

示波器"（＋）表笔"连接排气侧可变正时执行器端子Q6E/1，"（－）表笔"连低电平参考端子Q6E/2，如图2-2-15所示。

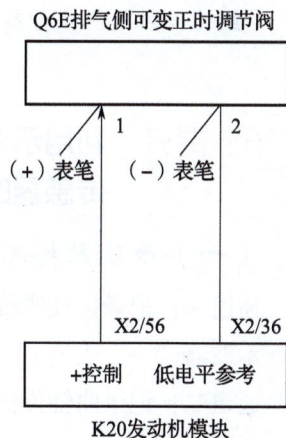

图 2-2-15　排气侧可变正时执行器波形测试连接示意图

2. 示波器检测波形图

波形图横轴每格时间为5ms/div，纵轴每格电压为5V/div，在发动机转速为2000r/min时，排气侧可变正时执行器波形如图2-2-16所示。

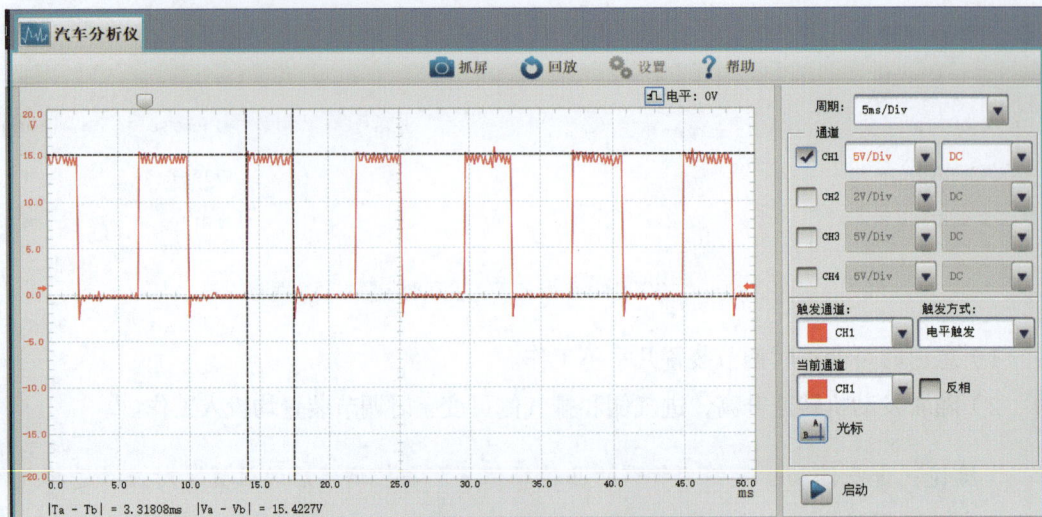

图 2-2-16　排气侧可变正时执行器波形图

3. 波形分析

1）波形图横轴：发动机转速为2000r/min时，排气侧可变正时执行器的周期为8ms。

2）波形图纵轴：电压为15.42V。

3）一个周期内，排气侧可变正时执行器通电时间为3.32ms。

4）此时排气侧可变正时执行器的占空比为41.5%。

> **结论：** 排气侧执行器工作性能正常。

拓展提升　利用示波器双通道功能，检测曲轴位置传感器和凸轮轴位置传感器的波形

（一）示波器检测线路连接

通道一：记录排气侧凸轮轴位置传感器波形

示波器"（+）表笔1"连接B23E/3，"（−）表笔1"连接B23E/2。

通道二：记录曲轴位置传感器波形

示波器"（+）表笔2"连接B26/3，"（−）表笔2"连接B26/2。

示波器双通道检测线路连接如图2-2-17所示。

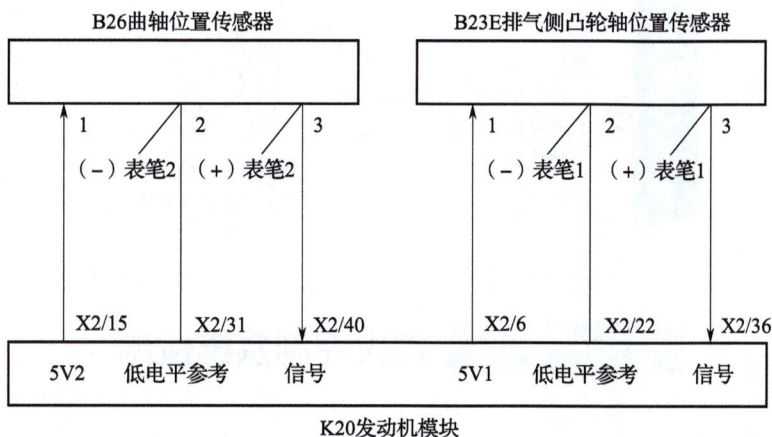

图 2-2-17 排气侧凸轮轴位置传感器和曲轴位置传感器波形测量连接示意图

（二）示波器检测波形图

波形图截屏如图 2-2-18 所示，横轴每格时间为 25ms/div；通道一纵轴每格电压为 2V/div，通道二纵轴每格电压为 2V/div。

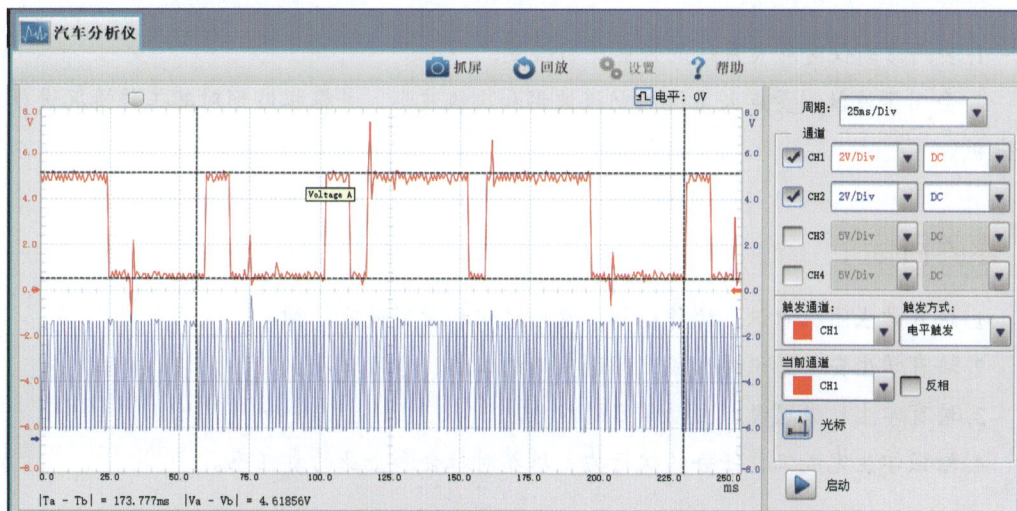

图 2-2-18 排气侧凸轮轴位置传感器和曲轴位置传感器波形图

（三）波形分析

1）波形图横轴：怠速状况下发动机一个工作循环（曲轴转动两圈）周期为 173.78ms。

2）波形图纵轴：通道一电压为 4.95V，通道二电压为 4.94V。

结论： 通过波形图分析，在发动机一个工作循环内，曲轴转动两圈，凸轮轴转动一圈，且感应出了四个离散信号，两者对应关系正常。

扫二维码观看微课 ➡

微课内容：
1. 凸轮轴位置传感器检测
2. 凸轮轴可变正时执行元件检测

凸轮轴位置传感器及
可变正时执行器检测

学习任务三　点火控制系统检测

知识目标

1. 了解汽油机点火系统的相关知识点。
2. 了解汽油机点火系统主要部件作用和性能。

技能目标

1. 会用诊断仪对点火系统的性能进行检测。
2. 会用示波器测量点火系统的初级波形和次级波形，并根据波形对其工作情况进行综合分析。

素养目标

1. 培育学生团队意识、协作精神、责任意识和爱岗敬业精神。
2. 培育学生安全意识的形成，营造良好的工作、学习环境。
3. 培育学生积极思考、主动学习的能力。
4. 增强学生完成工作任务的执行力，培养对社会和企业的责任感。

知识储备　汽油机点火系统

一、发动机点火系统简介

发动机的点火方式有压燃式（柴油机）和点燃式（汽油机）两种类型。

1. 汽油发动机点火系统功能

汽油发动机点火系统利用蓄电池电压建立起高压点火能量，通过火花塞在相应的曲轴转角点燃高温、高压的混合气体，如图2-3-1所示。点火时刻在压缩上止点之前触发（点火提前角），确保上止点之后10°~15° 曲轴转角位置产生最高压力，如图2-3-2所示。

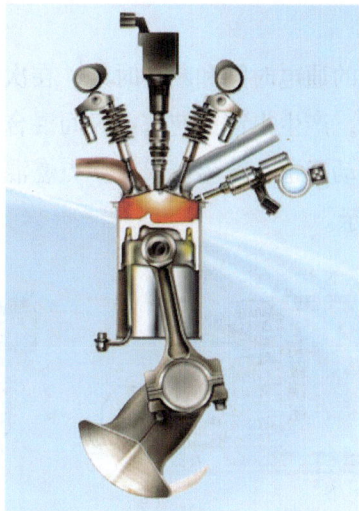

图 2-3-1　汽油机点火系统原理图

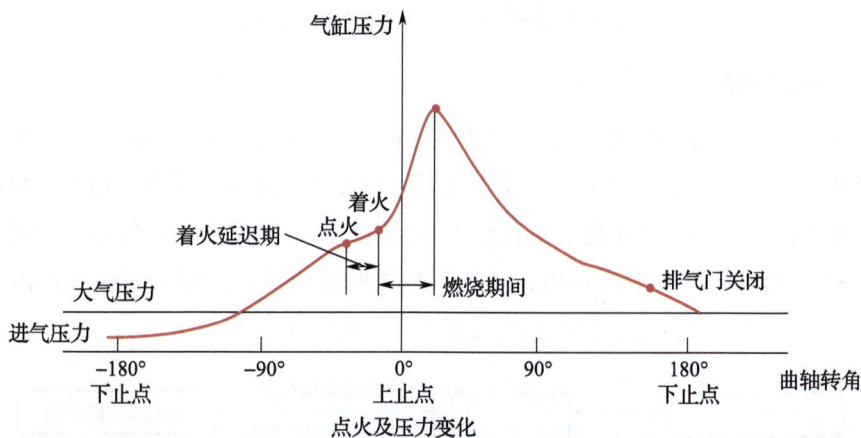

图 2-3-2　点火时刻与曲轴转角之间的对应关系

2. 点火线圈

点火线圈是一个升压变压器，由初级
绕组、次级绕组和硅钢片等组成。初级绕
组导线粗，匝数少；次级绕组导线细，匝
数多。为了增强磁场强度，由硅钢片将
初级绕组和次级绕组构成闭合磁路，如
图2-3-3所示。

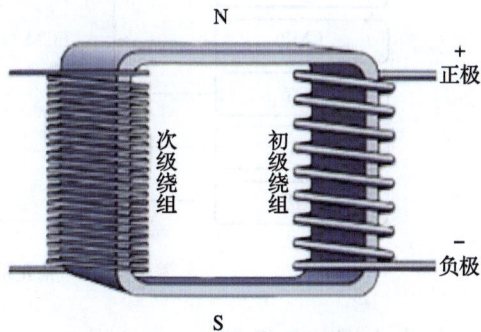

图 2-3-3　点火线圈的结构原理图

二、汽油发动机点火系统控制

1. 点火系统控制原理

点火器通过控制初级绕组的通电时间和断开时刻，在次级绕组中感应出高压电，其传导至安装在气缸盖的火花塞上，产生击穿火花塞电极间混合气体的击穿电压，使电极间的自由电子和正离子形成一个流动通道，产生电火花，点燃混合气，火焰迅速传递使缸内混合气全面燃烧，如图2-3-4所示。

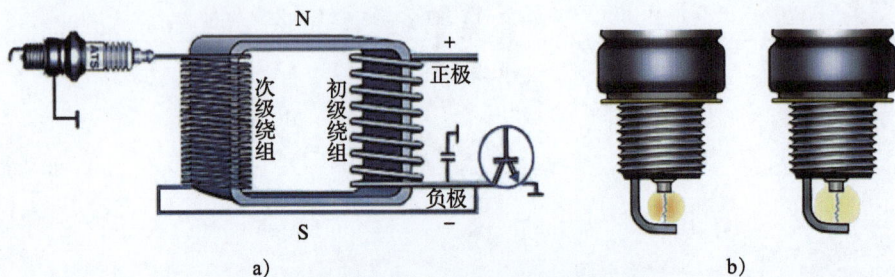

图 2-3-4　点火系统控制原理图

a）点火控制系统的结构　b）火花塞跳火示意图

2. 点火触发控制

点火触发就是发动机控制单元（ECM）根据曲轴位置传感器（CKP）、凸轮轴位置传感器（CMP）、节气门开度（TPS）、空气流量（MAF）、冷却液温度（ECT）和进气温度（IAT）等相关信号，确定点火提前角和点火初级绕组闭合时间控制的信号，触发点火控制（ICM）装置，使火花塞产生高压电，点燃气缸内的混合气；同时安装在气缸体上的爆燃传感器（KS）反馈爆燃信息，以调整点火提前角，如图2-3-5所示。

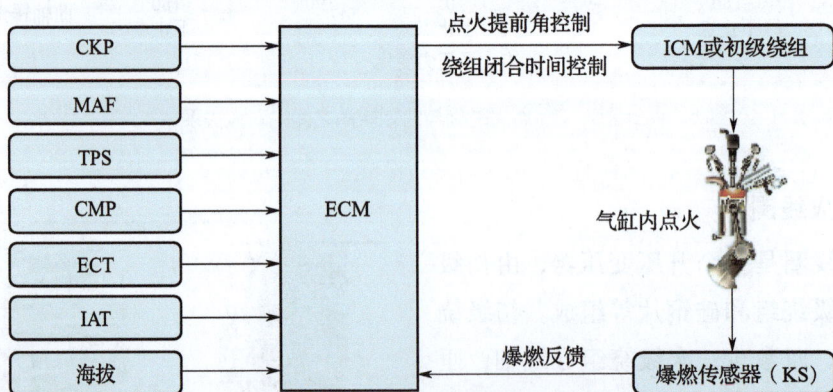

图 2-3-5　点火系统触发控制原理示意图

3. 点火提前角组成

点火提前角由初始点火提前角、基本点火提前角和修正点火提前角三部分组成。

（1）初始点火提前角

初始点火提前角与压缩比、燃烧室形状有关，其值固定不变，确保发动机能够稳定起动。

（2）基本点火提前角

基本点火提前角由发动机转速和负荷决定，总的趋势为点火提前角随发动机转速升高向点火提前方向调节，随发动机负荷增大向点火滞后方向调节，其控制原理如图2-3-6所示。

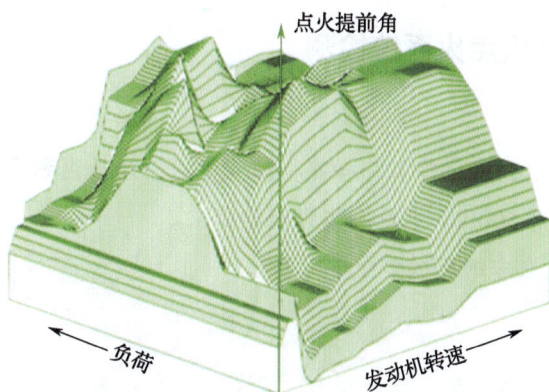

图 2-3-6 基本点火提前角控制原理图

（3）修正点火提前角

修正点火提前角主要根据爆燃传感器（KS）信号修正点火提前角，其安装在气缸体侧面，为一个无源传感器，当爆燃产生时，将对应气缸的点火提前角适当推迟，从而实现点火提前角的闭环控制，如图2-3-7所示。

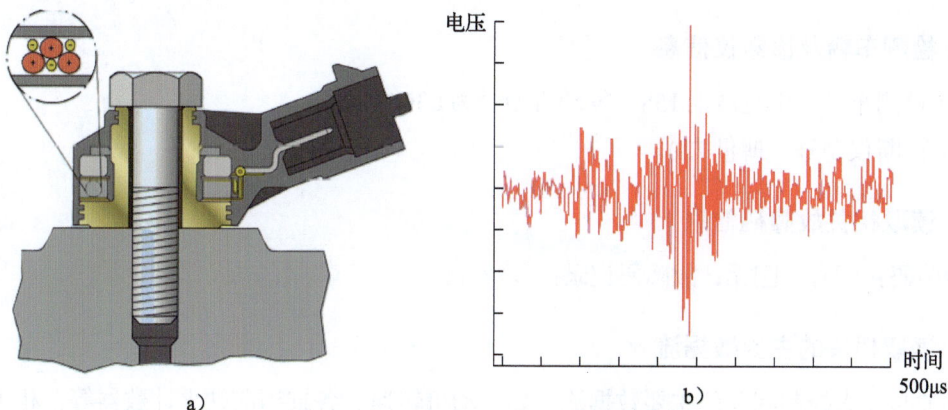

图 2-3-7 修正点火提前角工作原理图

a）爆燃传感器结构示意图　b）爆燃传感器波形示意图

4. 独立式点火控制器

为了提高点火系统的工作性能，目前多采用独立式点火控制装置，即每个气缸单独配备了一个点火器，火花塞直接安装在点火器上，省去了高压线，如图2-3-8所示。由发动机控制单元向每个独立的点火控制器发送点火触发信号，确保点火器初级绕组的闭合时间以确保点火能量，控制初级绕组的断电时刻来调节点火正时。

图2-3-8 独立式点火器

任务实施 汽油机点火系统检测

场所要求

1）场所设施（供电、通风等）符合安全作业标准，场地面积在60m² 以上。

2）采光条件（大于500lx）满足一体化教学需求。

3）能够满足30人左右的班级分组学习需求。

项目准备

1）汽车维修通用工具一套，含万用表、试灯、跨接检测线等。

2）四通道示波器1台，综合性能检测仪1台。

3）上汽通用别克威朗15S进取型轿车1部。

4）长城哈弗2021款M6 PLUS SUV1部。

一、点火系统重要数据流检测

诊断仪连接车辆诊断接口，起动发动机运行，读取相关的故障码和数据流。

1. 检测车辆及诊断仪信息

1）检测车辆：别克威朗15S，发动机型号为L3G。

2）诊断仪型号：博世720。

2. 读取相关故障码信息

故障码：□有　□无；故障码记录：

3. 读取相关的主要数据流

读取与点火控制相关的主要数据流，如发动机转速、各缸当前缺火计数器等，相关动态数据截屏如图2-3-9所示。

图2-3-9　点火控制主要数据流测量

1）急速状态下发动机转速为682r/min。

2）各缸缺火计数器统计：

①气缸1当前缺火计数器为0Counts。

②气缸2当前缺火计数器为0Counts。

③气缸3当前缺火计数器为0Counts。

④气缸4当前缺火计数器为0Counts。

结论：发动机各缸不存在缺火现象，点火系统工作状况正常。

二、点火触发信号波形检测

1. 示波器检测线路连接

示波器"（+）表笔"连接第三缸点火器触发信号端子T8C/3，"（-）表笔"连接低电平参考端子T8C/2，如图2-3-10所示。

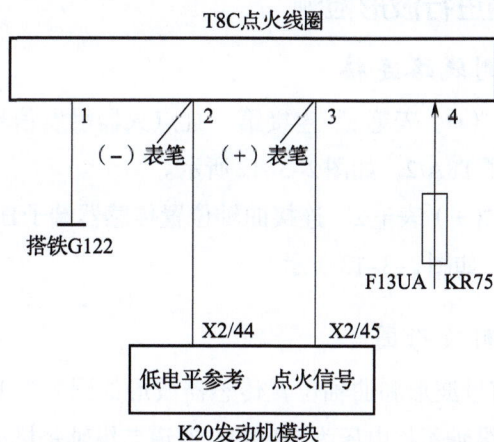

图2-3-10　第三缸点火器触发信号波形测试连接示意图

2. 示波器检测波形图

第三缸点火器触发信号波形如图2-3-11所示，波形横轴每格时间为100ms/div，纵轴每格电压为2V/div。

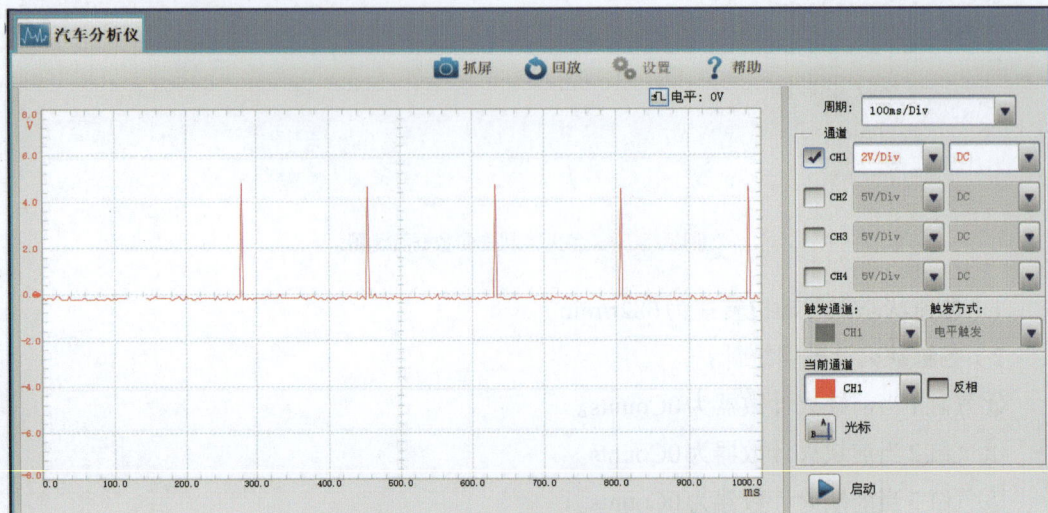

图2-3-11 第三缸点火器触发信号波形示意图

3. 波形分析

点火器触发信号电压约为4.3V。

结论： 发动机控制单元给各缸点火器提供的触发信号正常。

拓展提升 利用示波器双通道功能，对第一缸点火触发信号与曲轴位置传感器进行波形检测

（一）示波器检测线路连接

1）通道一：示波器"（＋）表笔1"连接第一缸点火器触发信号端子T8A/3，"（－）表笔1"连接低电平参考端子T8A/2，如图2-3-12所示。

2）通道二：示波器"（＋）表笔2"连接曲轴位置传感器端子B26/3，"（－）表笔2"连接低电平参考端子B26/2，如图2-3-13所示。

（二）示波器检测波形图

第一缸点火器触发信号波形和曲轴位置传感器波形如图2-3-14所示，波形横轴每格时间为25ms/div，通道一纵轴每格电压为5V/div，通道二纵轴每格电压为2V/div。

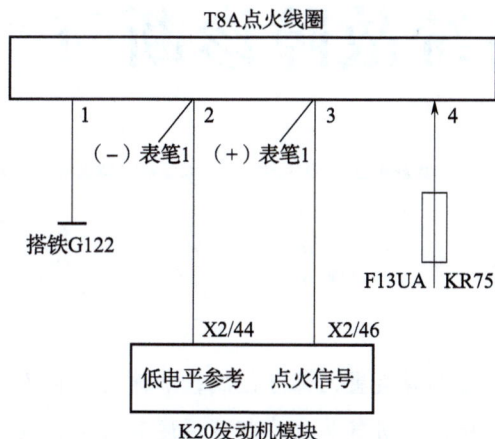

图 2-3-12 第一缸点火器点火触发信号波形检测   图 2-3-13 曲轴位置传感器波形检测

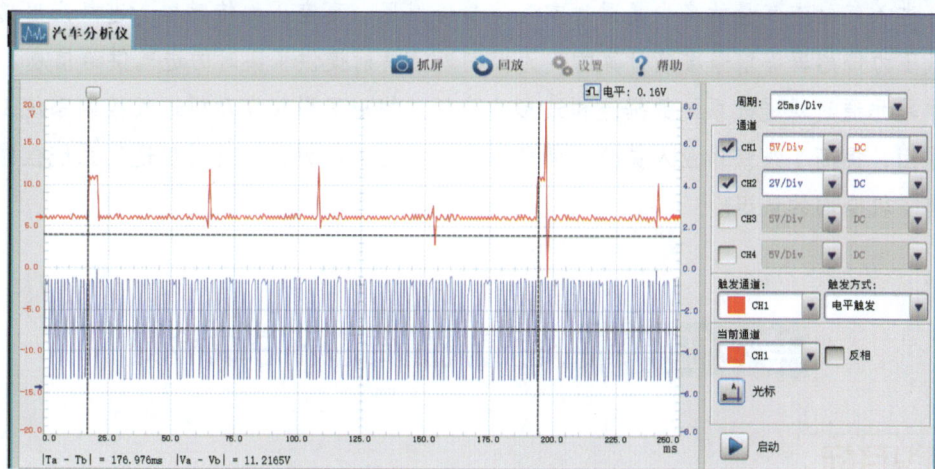

图 2-3-14 第一缸点火器触发信号和曲轴位置传感器波形

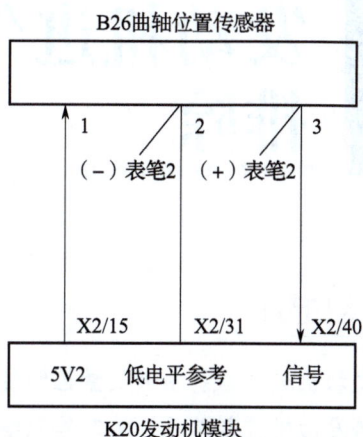

（三）波形分析

1）波形图的横轴：怠速状况下两个点火触发信号之间的周期为176.97ms。

2）在波形图上，找出第一缸压缩上止点位置。

> **结论：** 第一缸点火器触发信号在上止点之前，点火提前角正常。

扫二维码观看微课

点火控制系统检测

发动机进气系统故障诊断与排除

项目描述

　　发动机进气系统由进气量控制装置和进气量测量装置两部分组成，加速踏板将负荷信号传给发动机控制单元，控制单元结合发动机转速、进气量和冷却液温度等信号，调节节气门的开度，控制进入发动机的空气量，确保燃料能够充分燃烧，并保持良好的尾气排放质量。进入气缸空气量的多少是通过空气流量传感器、真空压力传感器、进气温度传感器和大气压力传感器等信号准确计算的，为控制燃油喷射提供了实时的进气供给信息。

　　本单元通过对进气系统数据流和波形的分析，找出了引起发动机进气控制系统工作不良的原因，提高了维修作业人员分析问题、解决问题的能力，对发动机进气系统性能不良故障有了较全面的认识。

学习任务一　进气流量传感器总成检测

知识目标

1. 了解进气流量传感器的作用和工作方式。
2. 掌握进气流量传感器正常工作的基本要求。

技能目标

1. 会用诊断仪和示波器对进气流量传感器性能进行检测。
2. 会用万用表对进气系统线路和元件进行基本性能检测。

素养目标

1. 培育学生团队意识、协作精神、责任意识和爱岗敬业精神。
2. 培育学生安全意识的形成，营造良好的工作、学习环境。
3. 培育学生积极思考、主动学习的能力。

4.增强学生完成工作任务的执行力，培养对社会和企业的责任感。

知识储备 进气流量传感器

进气流量传感器总成是由进气流量、进气温度、进气湿度和大气压力等传感器构成的组合总成体，一般为多功能组合式传感器。

一、进气流量传感器

1.进气流量传感器功能简介

进气流量传感器（MAF）安装在空气滤清器和节气门体之间的进气通道上，精确测量进入发动机气缸的空气量，安装位置如图3-1-1所示。

常用的空气流量传感器有卡门涡旋式、翼片式、热线式和热膜式等多种类型，现在使用最多的为热线式或热膜式空气流量传感器，该类型传感器属于质量式空气流量传感器，如图3-1-2所示。

图 3-1-1 进气流量传感器安装位置图

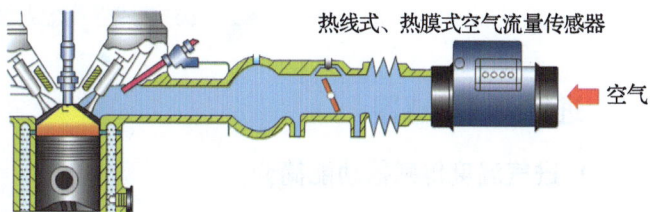

热线式、热膜式空气流量传感器

空气

图 3-1-2 热线式或热膜式空气流量传感器安装示意图

2.热线式或热膜式空气流量传感器工作原理简介

空气流量传感器利用传感器与进气之间的热传递现象进行空气流量测量，在其内部有一个发热元件，当气体流动时，发热元件被空气冷却，冷却程度与空气流量成正比。发热元件电阻R2和温度补偿电阻RT分别连接在惠斯通电桥电路的两个臂上，当发热元件的温度高于进气温度时，电桥才能达到平衡，并由具有电流放大作用的集成电路A控制加热电流，以此保持发热元件与补偿电阻温度之差恒定，测量原理如图3-1-3所示。空气流量传感器通过检测加热电流的强弱计算进气流量，当空气流量大或进气温度低时，保持电桥平衡所需的电流值大，反之电流值小。

空气流量传感器检测的加热电流信号，经电压振荡控制器处理并放大后，以频率信号的形式向外输出，随着空气流量的增大，传感器输出信号频率会增加，反之输出信号的频率会减小，如图3-1-4所示。

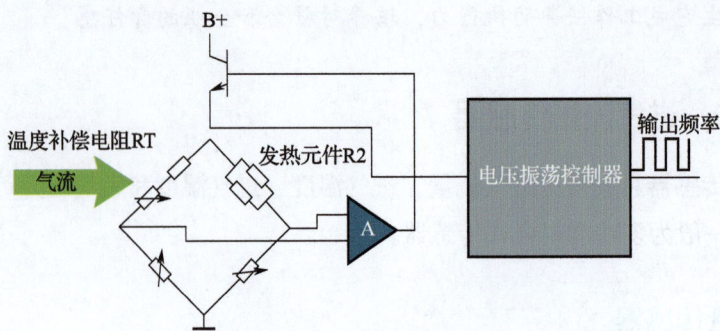

图 3-1-3 热线式或热膜式空气流量传感器测量原理图

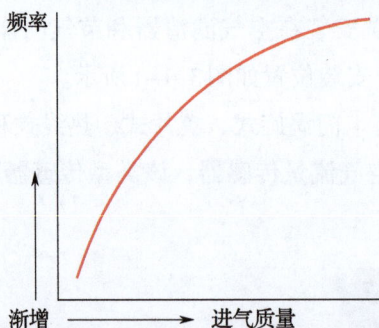

图 3-1-4 热线式或热膜式空气流量传感器工作示意图

二、进气温度传感器

1. 进气温度传感器功能简介

进气温度传感器（IAT）一般与进气流量传感器组合成一体，也有独立安装在进气道上的，如图3-1-5所示，测量进入气缸的空气温度，作为燃油喷射修正的主要参数。

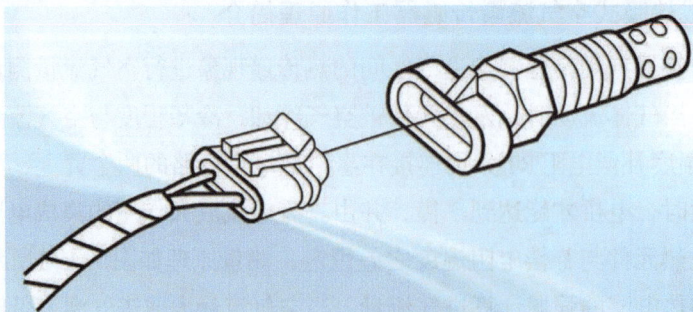

图 3-1-5 进气温度传感器结构示意图

2. 进气温度传感器工作原理简介

空气密度随温度上升而变小，随温度下降而变大，若没有温度修正，当燃油喷射量一定时，空气温度高时混合气将变成过浓状态，空气温度低时混合气将变成过稀状态，发动机将不能正常工作。进气温度传感器一般为负温度系数的热敏电阻（NTC），温度越高电阻越小，温度越低电阻越大，如图3-1-6所示。

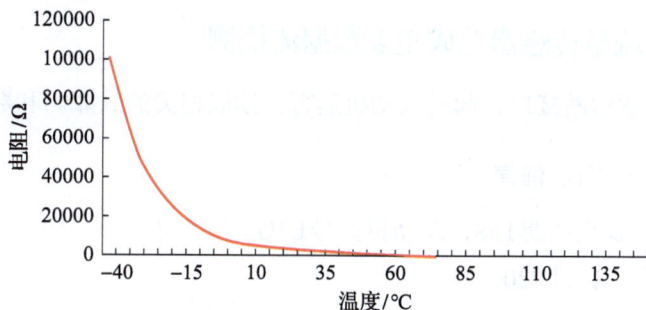

图 3-1-6　进气温度传感器电阻随温度变化特性

　　进气温度传感器是一个两线式传感器，由ECM提供一个5V的参考电压和一个搭铁参考，如图3-1-7所示。它基于进气温度的变化（电阻的变化）反馈一个变化的电压信号。当进气温度高时可变电阻小，ECM接收到低的电压信号；当进气温度低时可变电阻大，ECM接收到高的电压信号。

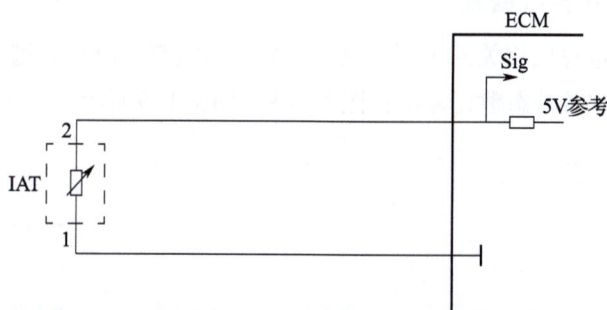

图 3-1-7　进气温度传感器测量电路连接示意图

任务实施　进气流量传感器性能检测

场所要求

1）场所设施（供电、通风等）符合安全作业标准，场地面积在60m² 以上。

2）采光条件（大于500lx）满足一体化教学需求。

3）能够满足30人左右的班级分组学习需求。

项目准备

1）汽车维修通用工具一套，含万用表、试灯、跨接检测线等。

2）四通道示波器1台，综合性能检测仪1台。

3）上汽通用别克威朗15S进取型轿车1部。

4）长城哈弗2021款M6 PLUS SUV1部。

一、多功能进气流量传感器总成主要数据流检测

诊断仪连接车辆诊断接口，起动发动机运行，读取相关的故障码和数据流。

1. 检测车辆及诊断仪信息

1）检测车辆：别克威朗15S，发动机型号L3G。

2）诊断仪型号：博世720。

> **注释**：该车型发动机的进气流量传感器为多功能型，为一个八线式多功能传感器，该传感器具备测量进气流量、进气温度、进气湿度和大气压力等功能。

2. 读取相关故障码信息

故障码：□有　□无；故障码记录：

3. 读取相关的主要数据流

读取与进气流量总成相关的主要数据流，如总质量空气流量、进气温度、进气湿度和大气压力等数据，相关动态数据截屏如图3-1-8、图3-1-9所示。

排序	名称	结果	单位
⊼	发动机转速	☑ 686.25	RPM
⊼	进气温度传感器1	☑ 37	degC
⊼	进气湿度传感器	☑ 60.39	%
⊼	总质量空气流量	☑ 1.84	g/s
⊼	发动机负荷	☑ 18.04	%
⊼	节气门位置传感器1位置	☑ 11	%
⊼	歧管绝对压力传感器	☑ 34	kPa
⊼	大气压力	☑ 100	kPa

图3-1-8 进气流量传感器总成主要数据流：怠速状态

1）怠速状态下的主要数据流

①发动机转速为686r/min。

②总质量空气流量为1.84g/s。

③进气温度为37℃。

排序	名称	结果	单位
	发动机转速	1974.75	RPM
	进气温度传感器1	37	degC
	进气湿度传感器	60.78	%
	总质量空气流量	3.95	g/s
	发动机负荷	16.47	%
	节气门位置传感器1位置	20	%
	歧管绝对压力传感器	24	kPa
	大气压力	100	kPa

图 3-1-9　进气流量传感器总成主要数据流：中速状态

④进气湿度为60.39%。

⑤节气门开度为11%。

2）发动机转速为2000r/min时的主要数据流。

①发动机转速为1975r/min。

②总质量空气流量为3.95g/s。

③进气温度为37℃。

④进气湿度为60.78%。

⑤节气门开度为20%。

> 结论：发动机工作，当节气门开度变化时，空气流量随之变化，进气流量传感器工作状况正常。

二、进气流量传感器波形检测

进气流量传感器向发动机控制单元输送的信号有两种类型，一种为模拟式电压信号，另一种为数字式频率信号。现代汽车发动机多配置数字式频率信号进气流量传感器。

1. 示波器检测线路连接

示波器"（+）表笔"连接进气流量传感器端子B75C/3，"（-）表笔"连接低电平参考端子B75C/7，如图3-1-10所示。

2. 示波器检测波形图

横轴每格时间为250μs/div，纵轴每格电压为2V/div。

1）发动机怠速工作状态下数字式进气流量传感器波形如图3-1-11所示。

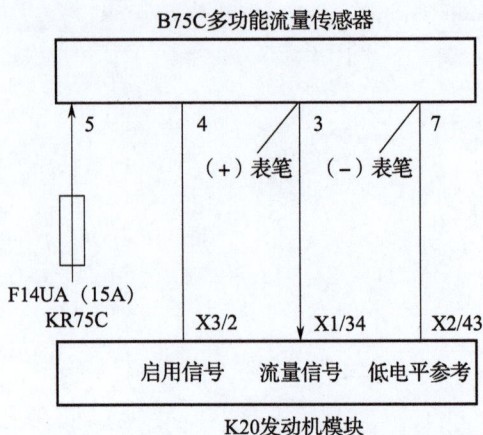

图 3-1-10　进气流量传感器波形测试连接示意图

图 3-1-11　发动机怠速状态空气流量传感器波形图

2）发动机3000r/min空载运行状态下数字式进气流量传感器波形如图3-1-12所示。

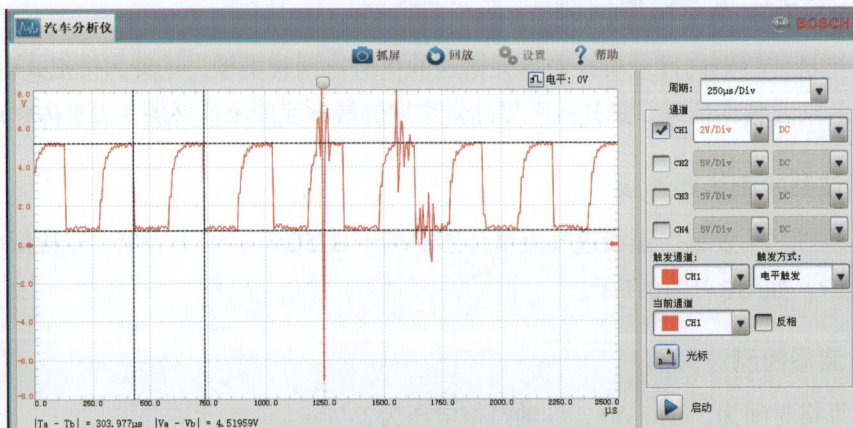

图 3-1-12　发动机 3000r/min 空载状态空气流量传感器波形图

3. 波形分析

1）发动机怠速状况下，进气流量传感器一个波形周期为477.27μm，振动频率为2095Hz。

2）发动机3000r/min空载状况下，进气流量传感器一个波形周期为303.98μm，振动频率为3290Hz。

> **结论：** 随着空气进入量的增加，传感器频率增加，且在正常的阈值范围内，该空气流量传感器工作性能正常。

> **注释：** 数字式空气流量传感器随着空气流量的增加，输出信号的频率也增加，一般情况下发动机怠速时为1700Hz左右，最大发动机负荷时为9500Hz左右，也就是说1700~9500Hz为数字式空气流量传感器正常的工作范围值。

拓展提升

（一）四线式多功能进气流量传感器

多功能进气流量传感器能测量进气流量和进气温度，还具备测量进入发动机空气的湿度和大气压力的功能，图3-1-13所示为四线式多功能进气流量传感器，空气流量信号通过2#端子传给发动机控制单元，而进气温度、湿度和大气压力等信息使用了LIN网络传输模式，通过3#端子传给发动机控制单元。

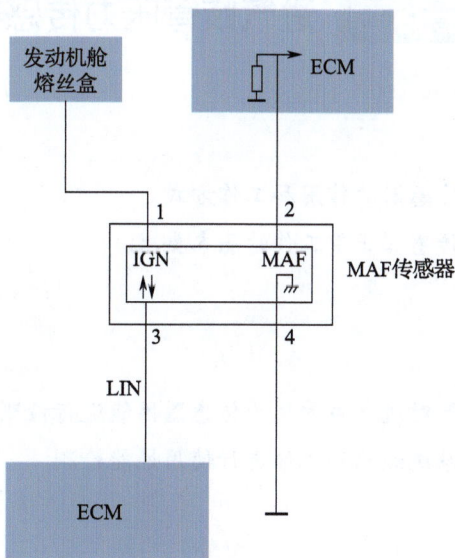

图 3-1-13 四线式多功能进气流量传感器工作示意图

（二）模拟式电压信号进气流量传感器

模拟式电压信号进气流量传感器能提供根据空气流量变化的电压信号。当空气流量小时，传感器输出的电压值就低；当空气流量大时，传感器输出的电压值变高，电压随时间变化的波形如图3-1-14所示。

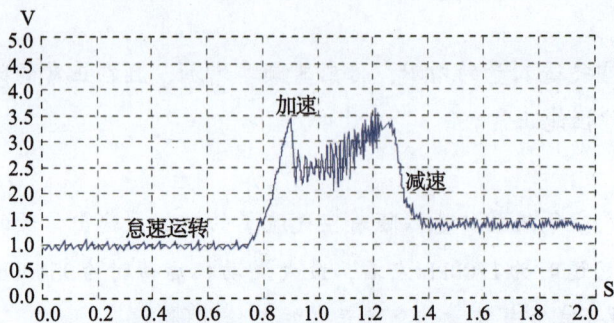

图 3-1-14　模拟式电压信号进气流量传感器波形示意图

进气流量传感器检测

学习任务二　进气歧管压力传感器检测

知识目标

1. 了解进气歧管压力传感器的作用和工作方式。
2. 掌握进气歧管压力传感器正常工作的基本要求。

技能目标

1. 会用诊断仪和示波器对进气歧管压力传感器性能进行检测。
2. 会用万用表对进气系统线路和元件进行使用性能检测。

素养目标

1. 培育学生团队意识、协作精神、责任意识和爱岗敬业精神。

2. 培育学生安全意识的形成，营造良好的工作、学习环境。

3. 培育学生积极思考、主动学习的能力。

4. 增强学生完成工作任务的执行力，培养对社会和企业的责任感。

知识储备　进气歧管压力传感器

一、进气歧管压力传感器的应用

1. 进气歧管压力传感器功能简介

进气歧管压力传感器（MAP）安装在节气门后方的进气歧管上，用于监测发动机进气道内压力的变化，将压力信号转换成电信号传输至发动机控制单元，控制单元再结合其他信号估算出进气量的大小，从而推算出发动机负荷，以确定喷油量和点火正时，其结构如图3-2-1所示。

2. 进气歧管压力传感器工作原理简介

进气歧管压力传感器为一个固态电子测量装置，一般为膜片式压力传感器，内部有集成电路，该装置与进气歧管连接，当空气流动时会形成真空，内部压力就会变化，产生一个变化的模拟信号。膜片式压力传感器工作原理如图3-2-2所示。

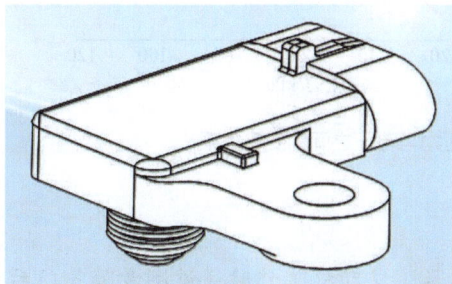

图 3-2-1　进气歧管压力传感器结构示意图

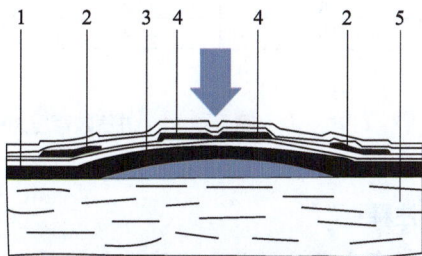

图 3-2-2　进气歧管压力传感器工作原理图
1-膜片　2-有源应变片　3-基准压力室
4-无源应变片　5-陶瓷基板

进气歧管压力传感器内部构成惠斯通电桥电路，一般为三线式传感器结构，如图3-2-3所示。其作用为放大测量电压，补偿温度的影响，使压力输出线性化，该测量方式为速度密度式。

进气歧管压力传感器输出电压在0~5V范围内，随着进气歧管压力改变而变化，进气压力越高，信号电压就越大。图3-2-4所示为某进气歧管压力传感器（MAP）压力与电压之间的变化关系。

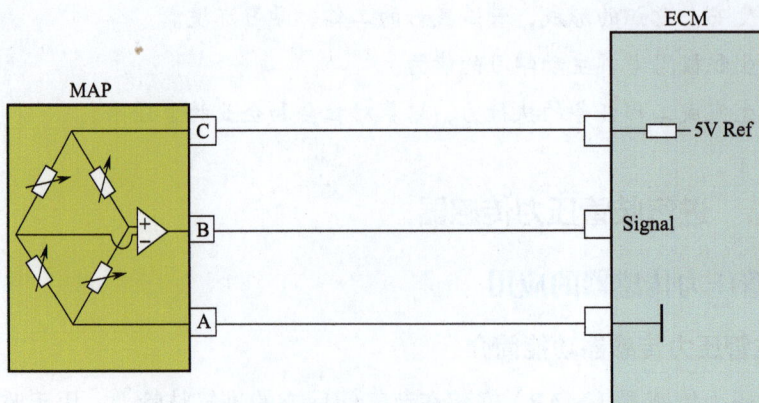

图 3-2-3　三线式进气歧管压力传感器线路连接图

A—低电平参考　B—信号　C—5V 电源

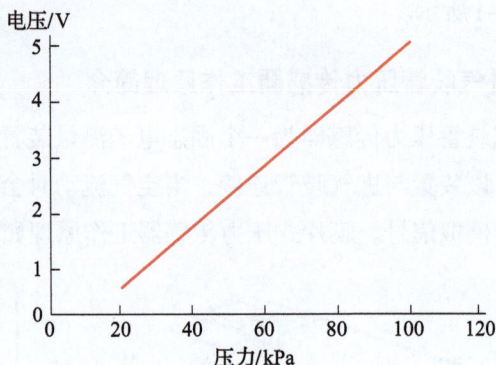

进气歧管压力/kPa	输出信号/V
20	0.4
30	0.92
40	1.44
50	1.95
60	2.47
70	2.99
80	3.51
90	4.02
100	4.54

图 3-2-4　进气歧管压力传感器压力与电压之间的变化关系

注释：

①有些发动机独立安装进气歧管压力传感器，发动机工作时通过测量节气门后方的歧管压力，间接计算出发动机的进气量。

②有些发动机同时安装空气流量传感器和真空压力传感器，但两者测量的参数是基本一致的，在配置有进气涡轮的增压式发动机上得到广泛运用。

二、进气歧管压力传感器的检查

可用抽真空压力计检测进气歧管压力传感器性能，如图 3-2-5 所示，用此设备对歧管压力传感器测量装置抽真空，点火开关置于 ON 位置，测量传感器输出端电压值，进气歧管压力与电压之间的变化关系应正常。

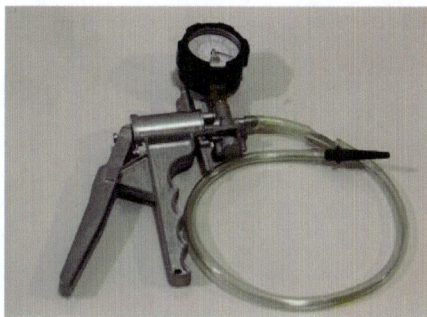

图 3-2-5 用抽真空压力计检测进气歧管压力传感器性能

任务实施 进气歧管压力传感器性能检测

场所要求

1）场所设施（供电、通风等）符合安全作业标准，场地面积在 60m² 以上。

2）采光条件（大于 500lx）满足一体化教学需求。

3）能够满足 30 人左右的班级分组学习需求。

项目准备

1）汽车维修通用工具一套，含万用表、试灯、跨接检测线等。

2）四通道示波器 1 台，综合性能检测仪 1 台。

3）上汽通用别克威朗 15S 进取型轿车 1 部。

4）长城哈弗 2021 款 M6 PLUS SUV1 部。

一、进气歧管压力传感器重要数据流检测

诊断仪连接车辆诊断接口，起动发动机运行，读取相关的故障码和数据流。

1. 检测车辆及诊断仪信息

1）检测车辆：别克威朗 15S，发动机型号为 L3G。

2）诊断仪型号：博世 720。

2. 读取相关故障码信息

故障码：□有　□无；故障码记录：

3. 读取相关的主要数据流

读取与进气歧管压力传感器相关的主要数据流，选择发动机转速、总质量空气流量、歧管绝对压力传感器和大气压力等，相关动态数据流截屏如图 3-2-6、图 3-2-7 所示。

通用(V1.0) › (H)2017 › (4)别 克 › Verano(威朗) › 发动机控制模块 › 1.5L L3G › 自动 › 读取数据流 › **发动机数据**

排序	名称	结果	单位
⊼	发动机转速	☑ 0.0	RPM
⊼	进气温度传感器1	☑ 43	degC
⊼	进气湿度传感器	☑ 56.86	%
⊼	总质量空气流量	☑ 0.35	g/s
⊼	发动机负荷	☑ 0.0	%
⊼	节气门位置传感器1位置	☑ 29	%
⊼	歧管绝对压力传感器	☑ 100	kPa
⊼	大气压力	☑ 100	kPa

图 3-2-6　点火开关置于 ON 位置，发动机未运转时的进气歧管压力传感器数据流

通用(V1.0) › (H)2017 › (4)别 克 › Verano(威朗) › 发动机控制模块 › 1.5L L3G › 自动 › 读取数据流 › **发动机数据**

排序	名称	结果	单位
⊼	发动机转速	☑ 686.25	RPM
⊼	进气温度传感器1	☑ 37	degC
⊼	进气湿度传感器	☑ 60.39	%
⊼	总质量空气流量	☑ 1.84	g/s
⊼	发动机负荷	☑ 18.04	%
⊼	节气门位置传感器1位置	☑ 11	%
⊼	歧管绝对压力传感器	☑ 34	kPa
⊼	大气压力	☑ 100	kPa

图 3-2-7　发动机怠速运转时的进气歧管压力传感器数据流

1）点火开关置于 ON 位置，发动机未运转状态下的主要数据流。

①发动机转速为 0r/min。

②总质量空气流量为 0.35g/s。

③歧管绝对压力传感器为 100kPa。

④大气压力为 100kPa。

2）发动机怠速运行状态下的主要数据流。

①发动机转速为 686r/min。

②总质量空气流量为 1.84g/s。

③歧管绝对压力传感器为 34kPa。

④大气压力为 100kPa。

结论：

①发动机未工作时，歧管压力传感器测量值与大气压值相等。

②发动机运转时，节气门后方压力值减小。

③歧管压力传感器工作性能正常。

二、进气歧管压力传感器波形检测

发动机运转时，进气歧管压力传感器向发动机控制单元输送随节气门开度变化而变化的电压信号，以此来计算进入发动机气缸的空气量。

1. 示波器检测线路连接

示波器"（＋）表笔"连接进气歧管压力传感器端子 B74/3，"（－）表笔"连接低电平参考端子 B74/2，如图 3-2-8 所示。

2. 示波器检测波形图

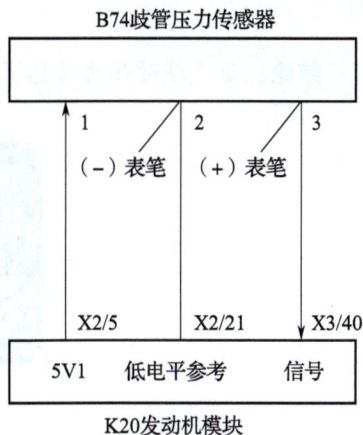

图 3-2-8　进气歧管压力传感器波形测试连接示意图

进气歧管压力传感器波形如图 3-2-9 所示，波形横轴每格时间为 1s/div，纵轴每格电压为 2V/div。

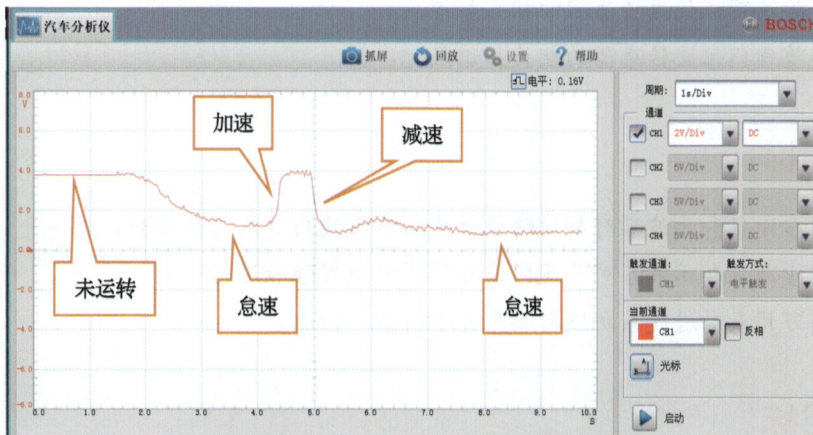

图 3-2-9　进气歧管压力传感器波形示意图

3. 波形分析

完成以下发动机运转测试，定格完整的波形图后，进行数据分析。

1）点火开关置于 ON 位置，发动机未运转，进气歧管压力信号值为 3.8V 左右。

2）发动机怠速状况下进气歧管压力信号值为 1V 左右。

3）发动机由急速状态快速加速到节气门全开位置，进气歧管压力信号由0.6V变化至3.8V左右。

4）短时间维持发动机节气门全开运转，进气歧管压力传感器信号为3.8V左右。

5）由节气门全开恢复至发动机急速稳定运转，进气歧管压力信号由3.8V变化至0.6V左右。

> **结论：** 进气歧管压力传感器工作性能正常。

扫二维码观看微课

进气歧管压力传感器检测

学习任务三　加速踏板及节气门位置传感器检测

知识目标

1. 了解加速踏板位置传感器的相关知识点。
2. 了解节气门位置传感器的相关知识点。

技能目标

1. 会用诊断仪和示波器对加速踏板位置传感器使用性能进行检测。
2. 会用诊断仪和示波器对节气门位置传感器使用性能进行检测。
3. 会用万用表对进气系统线路和元件进行基本检测。

素养目标

1. 培育学生团队意识、协作精神、责任意识和爱岗敬业精神。
2. 培育学生安全意识的形成，营造良好的工作、学习环境。
3. 培育学生积极思考、主动学习的能力。
4. 增强学生完成工作任务的执行力，培养对社会和企业的责任感。

知识储备 加速踏板及节气门位置传感器

加速踏板位置和节气门位置传感器信号反映了发动机工作负荷的大小，两者同步动作。现代发动机通过电控单元实现两传感器的同步控制。

一、加速踏板位置传感器

1. 加速踏板位置传感器功能简介

加速踏板位置传感器将驾驶人踩踏加速踏板的深度和力度信号（负荷信号）转化成电压信号，传给发动机控制单元，用以检测驾驶人对车辆动力的需求变化，如图3-3-1所示。

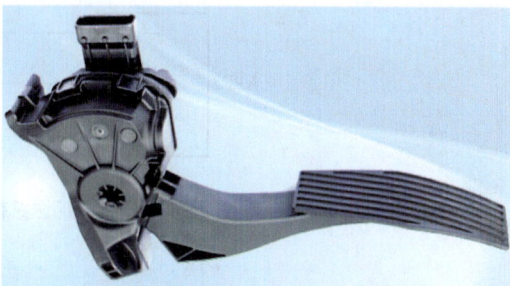

图 3-3-1 加速踏板位置传感器总成

2. 加速踏板位置传感器工作原理简介

加速踏板位置传感器内部通常有两个电位器，驾驶人踩下加速踏板，同时带动两个电位器滑臂移动，该电位器反馈两个不同的电压信号，传给发动机控制单元（ECM），再由ECM控制节气门电动机的动作，如图3-3-2所示。

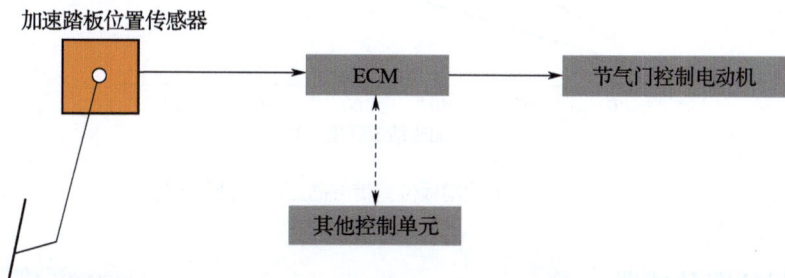

图 3-3-2 加速踏板位置传感器控制原理示意图

加速踏板位置传感器通常有滑动电阻式和霍尔式两种类型，目前常用无接触霍尔式结构传感器，该传感器使用寿命长，信号稳定。

加速踏板位置传感器内部设有两个独立的测量装置，均由电源、搭铁和信号组成控制电路，其上共设有六个接线端子，为冗余式设计模式，当一个信号测量装置失效时，另一个信号测量装置仍能工作，如图3-3-3所示。

随着加速踏板从自然状态被踩踏到最低位置，APP1信号电压V1的变化范围是0.6~4.4V，APP2信号电压V2的变化范围是0.3~2.2V。APP1和APP2信号电压呈倍数关系（V1=2V2），如图3-3-4所示，ECM通过对这两个信号的比对计算，能更加精准地判断加速踏板位置，并检测其工作状态。

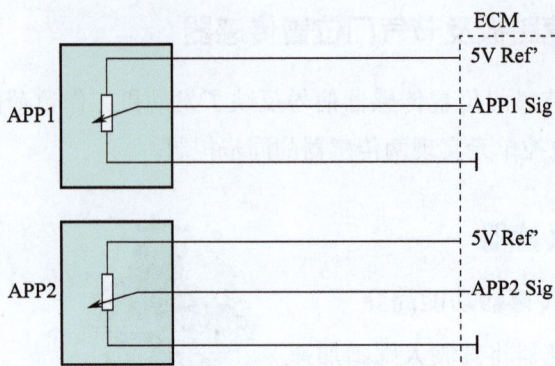

图 3-3-3　加速踏板位置传感器控制电路图

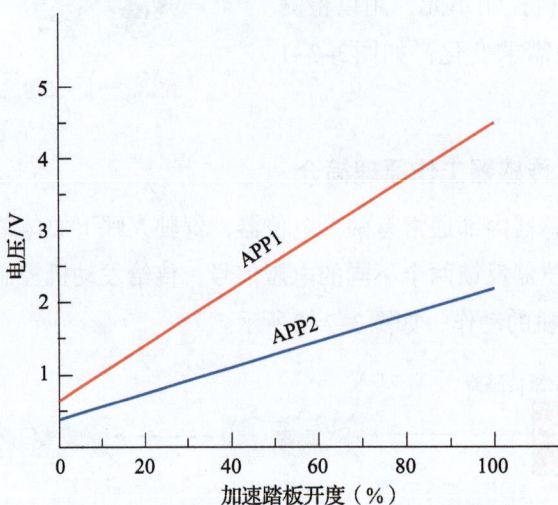

图 3-3-4　加速踏板位置传感器工作状况示意图

二、节气门位置传感器

1. 节气门位置传感器功能简介

节气门位置传感器（TPS）与节气门轴连接在一起，当节气门开度变化时，节气门位置传感器随之动作，反馈节气门开启程度，以电压信号的方式将节气门开度信号反馈给发动机控制单元（ECM），如图 3-3-5 所示。

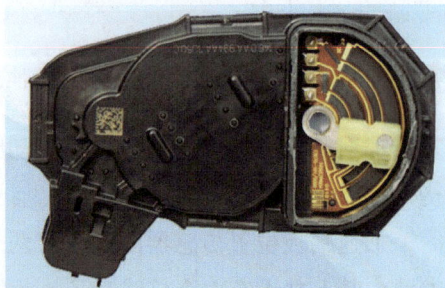

图 3-3-5　节气门位置传感器结构简图

2. 节气门位置传感器工作原理简介

节气门位置传感器内部通常有两个电位器，节气门转动时带动电位器滑臂移动，两个电位器反馈两个不同的电压信号，并将信号传给发动机控制单元（ECM），作为节气门开度大小的实时反馈，如图3-3-6所示。

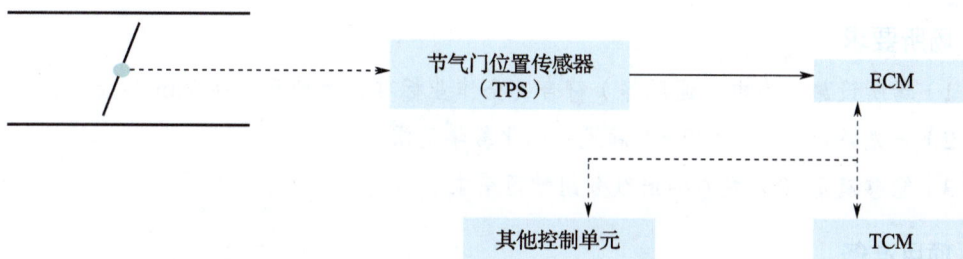

图 3-3-6 节气门位置传感器控制原理示意图

节气门位置传感器通常有滑动电阻式和霍尔式两种类型，目前常用无接触霍尔式结构传感器，该传感器使用寿命长，信号稳定。

节气门位置传感器内部设有两个独立的节气门位置测量装置，包含共用的5V电源、信号搭铁，并输出两个独立的电压信号。一般情况下节气门位置传感器有四个接线端子，为冗余式设计模式，当一个信号测量装置失效时，另一个信号测量装置仍能够工作，如图3-3-7所示。

TPS1信号电压变化范围约为0.7~4.3V，TPS2信号电压变化范围约为4.3~0.7V，TPS1和TPS2信号电压随节气门电动机转动互为反向变化，即一个信号电压升高时，另一个信号电压会降低。

当节气门从最小开度位置移动到最大开度位置时，TPS1信号电压V1从0.7V→4.3V变化，TPS2信号电压V2从4.3V→0.7V变化，TPS1和TPS2信号电压之和始终为5V（V1+V2=5V），如图3-3-8所示，ECM通过对这两个信号值的比对计算，能够更精准地确认节气门实时位置，并检测其工作状态。

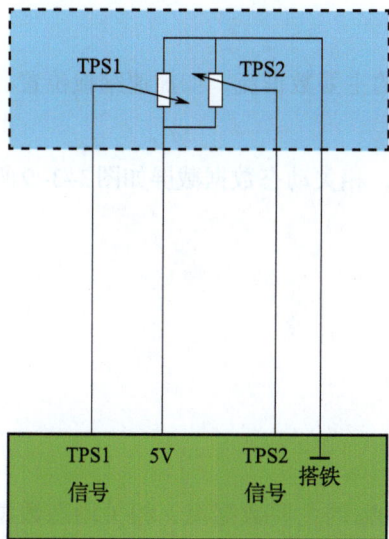

图 3-3-7 节气门位置传感器控制电路图

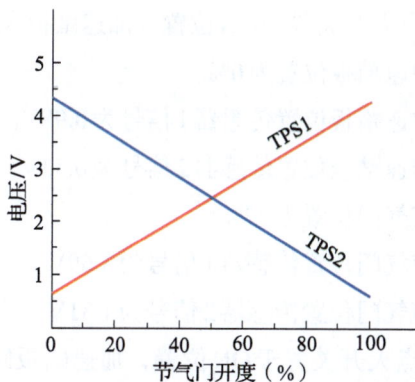

图 3-3-8 节气门位置传感器工作状况示意图

071

任务实施 加速踏板及节气门位置传感器性能检测

场所要求

1）场所设施（供电、通风等）符合安全作业标准，场地面积在60m² 以上。

2）采光条件（大于500lx）满足一体化教学需求。

3）能够满足30人左右的班级分组学习需求。

项目准备

1）汽车维修通用工具一套，含万用表、试灯、跨接检测线等。

2）四通道示波器1台，综合性能检测仪1台。

3）上汽通用别克威朗15S进取型轿车1部。

4）长城哈弗2021款M6 PLUS SUV1部。

一、加速踏板及节气门位置传感器重要数据流检测

用诊断仪连接车辆诊断接口，起动发动机运行，读取相关的故障码和数据流。

1. 检测车辆及诊断仪信息

1）检测车辆：别克威朗15S，发动机型号为L3G。

2）诊断仪型号：博世720。

2. 读取相关故障码信息

故障码：□有　□无；故障码记录：

3. 读取相关的主要数据流

读取与加速踏板位置和节气门位置传感器相关的主要数据流，如加速踏板位置、节气门开度位置等信息。

1）点火开关置于ON位置，加速踏板未踩下时，相关动态数据截屏如图3-3-9所示。

①加速踏板位置为0%。

②加速踏板位置传感器1信号为0.98V。

③加速踏板位置传感器2信号为0.53V。

④节气门位置为22%。

⑤节气门位置传感器1信号为3.69V。

⑥节气门位置传感器2信号为1.31V。

2）点火开关置于ON位置，加速踏板踩下约50%的主要数据流，相关动态数据截屏如图3-3-10所示。

排序	名称	结果	单位
	节气门位置传感器1	3.69	V
	节气门位置传感器2	1.31	V
	节气门位置传感器1位置	22	%
	节气门位置传感器2位置	22	%
	加速踏板位置传感器1	0.98	V
	加速踏板位置传感器2	0.53	V
	加速踏板位置传感器1位置	0	%
	加速踏板位置传感器2位置	0	%

通用(V1.0) > (H)2017 > (4)别 克 > Verano(威朗) > 发动机控制模块 > 1.5L L3G > 自动 > 读取数据流 > 发动机数据

图 3-3-9　加速踏板未踩下时的节气门控制数据流

排序	名称	结果	单位
	节气门位置传感器1	2.20	V
	节气门位置传感器2	2.80	V
	节气门位置传感器1位置	62	%
	节气门位置传感器2位置	62	%
	加速踏板位置传感器1	2.45	V
	加速踏板位置传感器2	1.24	V
	加速踏板位置传感器1位置	50	%
	加速踏板位置传感器2位置	50	%

通用(V1.0) > (H)2017 > (4)别 克 > Verano(威朗) > 发动机控制模块 > 1.5L L3G > 自动 > 读取数据流 > 发动机数据

图 3-3-10　加速踏板踩下约 50% 时的节气门控制数据流

①加速踏板位置为50%。

②加速踏板位置传感器1信号为2.45V。

③加速踏板位置传感器2信号为1.24V。

④节气门位置为62%。

⑤节气门位置传感器1信号为2.20V。

⑥节气门位置传感器2信号为2.80V。

3）点火开关置于ON位置，加速踏板完全踩下时的主要数据流，相关动态数据截屏如图3-3-11所示。

①加速踏板位置为99%。

②加速踏板位置传感器1信号为4.10V。

图 3-3-11　加速踏板完全踩下时的节气门控制数据流

③加速踏板位置传感器2信号为2.06V。

④节气门位置为100%。

⑤节气门位置传感器1信号为0.80V。

⑥节气门位置传感器2信号为4.20V。

> 结论：
> ①加速踏板位置传感器，其内的两个测量装置信号输出，始终存在V1=2V2。
> ②节气门位置传感器，其内的两个测量装置信号输出，始终存在V1+V2=5V。
> ③通过测量加速踏板三种状态（踩踏量0%、踩踏量50%和踩踏量100%）下的数据量，并同时比对节气门位置传感器对应的数据流，两个传感器相关数据对应量正常。

二、加速踏板位置传感器波形检测

1. 示波器检测线路连接

利用示波器双通道功能，测量加速踏板位置传感器两个信号的电压，如图3-3-12所示。

通道一：示波器"（+）表笔1"连接加速踏板位置传感器端子B107/3，"（-）表笔1"连接低电平参考端子B107/4。

通道二：示波器"（+）表笔2"连接加速踏板位置传感器端子B107/6，"（-）表笔2"连接低电平参考端子B107/5。

2. 示波器检测波形图

加速踏板位置传感器波形横轴每格时间为1s/div，纵轴每格电压为2V/div，如图3-3-13所示。

B107加速踏板位置传感器

	1	2	3	4	5	6
		（+）表笔1	（−）表笔1	（−）表笔2		（+）表笔2

X1/11   X1/12   X1/45   X1/28   X1/27   X1/33

5V3	5V4	信号1	信号1搭铁	信号2搭铁	信号2
信号2电源	信号1电源				

K20发动机模块

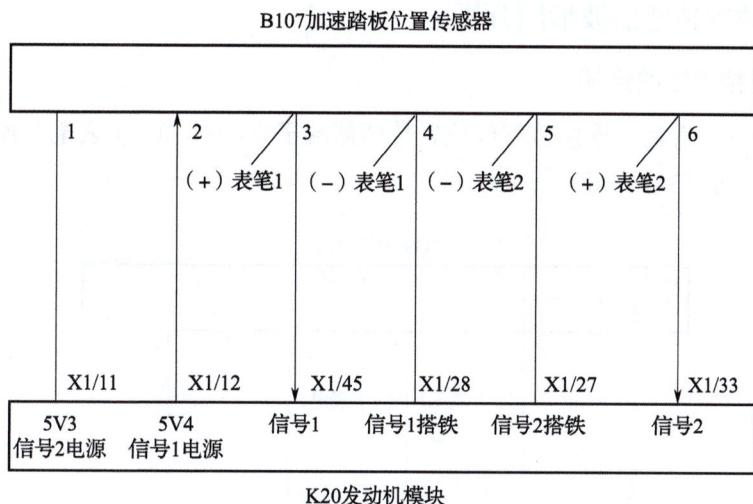

图 3-3-12 加速踏板位置传感器波形测试连接示意图

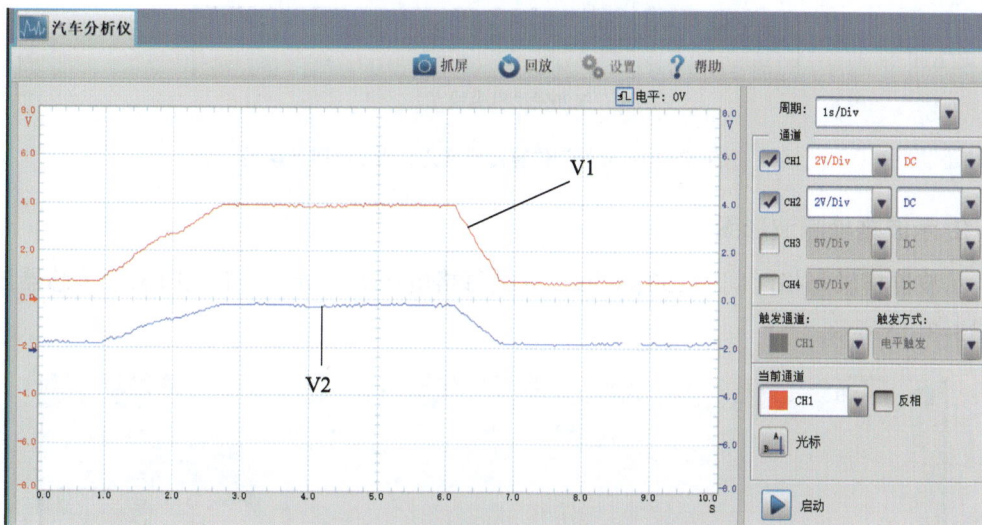

图 3-3-13 加速踏板位置传感器波形示意图

3. 波形分析

完成加速踏板工作状态测试，定格完整的波形图后，进行以下数据分析。

1）加速踏板位置传感器两个信号测量装置APP1和APP2，在加速、保持和减速过程中，两个信号电压是同步变化的。

2）加速踏板两个测量信号V1和V2，基本保持了V1=2V2的关系。

结论：加速踏板位置传感器工作性能正常。

三、节气门位置传感器波形图分析

1. 示波器检测线路连接

示波器"（＋）表笔"连接节气门位置传感器端子Q38/3，"（－）表笔"连接低电平参考端子Q38/4，如图3-3-14所示。

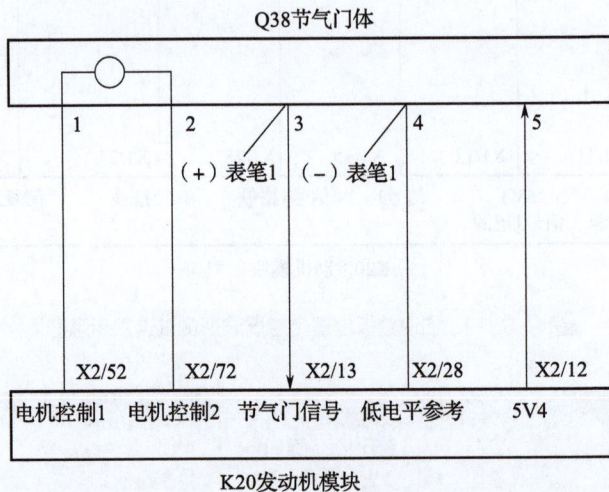

图 3-3-14　节气门位置传感器波形测试连接示意图

2. 示波器检测波形图

示波器横轴每格时间为250 μs/div，纵轴每格电压为2V/div，节气门位置传感器波形如图3-3-15所示。

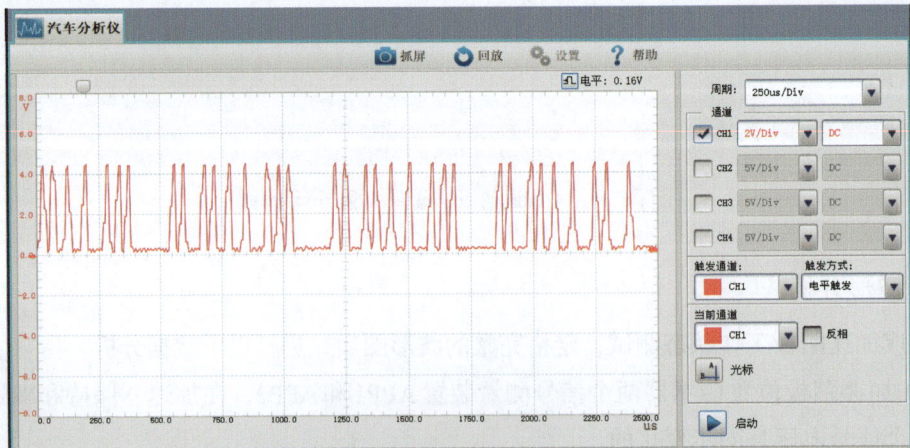

图 3-3-15　节气门位置传感器波形示意图

3. 波形分析

1）节气门开度信号为数字式信号。

2）节气门开度V1和V2信号均通过Q38/3端子传给控制单元，为复合式LIN信号。

> 结论：节气门位置传感器工作性能正常。

扫二维码观看微课 ➡ 加速踏板及节气门位置传感器检测

学习任务四 节气门开度执行器检测

知识目标

1. 了解节气门开度执行器的相关知识点。
2. 了解节气门开度执行器与节气门位置传感器关联动作的相关知识点。

技能目标

1. 会用诊断仪和示波器对节气门开度执行器性能进行检测。
2. 会用万用表对节气门电动机控制线路和元件进行基本检测。

素养目标

1. 培育学生团队意识、协作精神、责任意识和爱岗敬业精神。
2. 培育学生安全意识的形成，营造良好的工作、学习环境。
3. 培育学生积极思考、主动学习的能力。
4. 增强学生完成工作任务的执行力，培养对社会和企业的责任感。

知识储备 节气门开度执行器

一、节气门开度执行器

1. 节气门开度执行器功能简介

加速踏板位置传感器将驾驶人踩踏加速踏板的深度和力度信号传给发动机控制单元，

控制单元根据驾驶人对车辆动力的需求，通过电动机驱动节气门的开度，控制进入气缸的气体量，如图3-4-1所示。

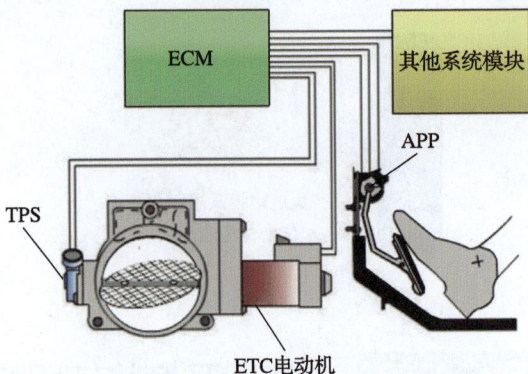

图 3-4-1　节气门开度控制过程示意图

2. 节气门开度执行器类型

节气门开度控制系统主要有步进电动机式和直流伺服电动机式两种类型，步进电动机控制型主要用在早期的怠速旁通道控制式节气门体上，如图3-4-2所示，该类型的节气门开度控制方式，目前在发动机上已经较少使用了。

直流伺服电动机采用脉宽调制（PWM）信号进行控制，通过调节电动机的平均"电流值"大小来控制节气门开度位置，其由控制电动机、减速机构、回位装置和节气门轴等组成，如图3-4-3所示，具有响应性快、可靠性高等优点。

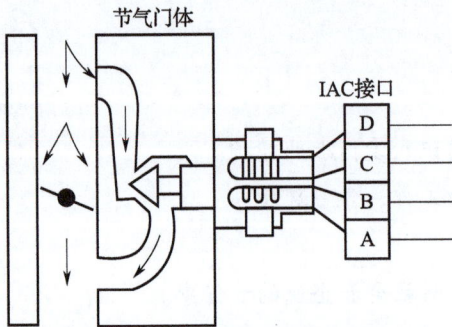

图 3-4-2　步进电动机式怠速旁通道节气门示意图

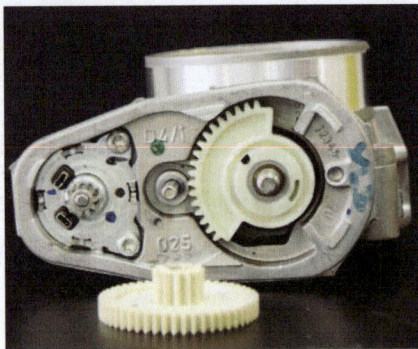

图 3-4-3　直流伺服电动机式电子节气门控制装置结构图

二、电子节气门控制装置工作原理简介

电子节气门控制装置（TAC）是发动机进气系统的重要控制部件，其总成如图3-4-4所示。与拉索式节气门控制不同，电子节气门阀板的开启状态不再受限于加速踏板的机械

控制。

电子节气门控制装置通过发动机模块（ECM）的内置程序，根据加速踏板位置传感器的需求，通过电动机、减速器等装置对节气门阀板进行自动控制，其控制简图如图3-4-5所示。

图 3-4-4 电子节气门控制装置总成

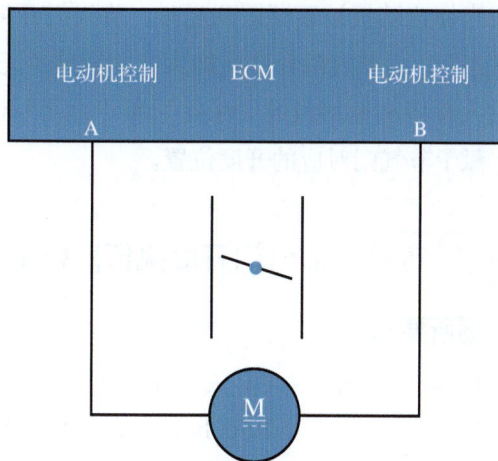

图 3-4-5 节气门开度执行器控制原理示意图

节气门开度执行器电动机为双向调节模式（电动机可实现正、反转控制），其控制过程分为节气门开度执行器的"自检模式"和"运行模式"两种工作方式。

1. 节气门开度执行器的"自检模式"

点火开关由OFF位置置于ON位置时，节气门电动机由"初始状态"迅速运行到"怠速运行状态"，再转至"节气门开度最大状态"，最终恢复至"初始状态"，用于检查节气门开度执行器电动机的工作情况。

> **注释**：此时会听到节气门开度调节电动机的运行声音。

2. 节气门开度执行器的"运行模式"

节气门开度执行器的"运行模式"包括"初始状态""怠速运行状态"和"负载请求状态"三种控制状态。

（1）节气门开度执行器的"初始状态"

节气门电动机没有动作，节气门约有30%的开度，该位置确保了在节气门电动机失效的情况下，进入气缸的空气量仍能维持发动机低速运行（跛行状态），确保车辆以较低速度行驶，及时返厂维修。

（2）节气门开度执行器的"怠速运行状态"

发动机在无动力输出的情况下，以700~800r/min的转速稳定运行，节气门开度从初始位置向开度减小的方向调节（负向调节）。

（3）节气门开度执行器的"负载请求状态"

当加速踏板被逐渐踩到底时，节气门开度由"怠速运行状态"过渡到接近"100%全开状态"，即节气门开度向加大方向调节（正向调节），发动机电控单元（ECU）会根据驾驶人踩踏加速踏板的"深度"和"力度"请求，结合实时的发动机转速及车辆负载情况，赋予节气门对应的开度位置。

任务实施 节气门开度执行器检测

场所要求

1）场所设施（供电、通风等）符合安全作业标准，场地面积在60m² 以上。

2）采光条件（大于500lx）满足一体化教学需求。

3）能够满足30人左右的班级分组学习需求。

项目准备

1）汽车维修通用工具一套，含万用表、试灯、跨接检测线等。

2）四通道示波器1台，综合性能检测仪1台。

3）上汽通用别克威朗15S进取型轿车1部。

4）长城哈弗2021款M6 PLUS SUV1部。

一、节气门开度执行器重要数据流检测

诊断仪连接车辆诊断接口，起动发动机运行，读取相关的故障码和数据流。

1. 检测车辆及诊断仪信息

1）检测车辆：别克威朗15S，发动机型号为L3G。

2）诊断仪型号：博世720。

2. 读取相关故障码信息

故障码：□有　□无；故障码记录：

3. 读取相关的主要数据流

读取与节气门开度执行器相关的主要数据流，如加速踏板开度和节气门开度等数据。

1）点火开关置于ON位置，加速踏板未踩下，发动机未运转，"初始状态"下节气门

开度执行器的动态数据截屏如图3-4-6所示。

排序	名称	结果	单位
⬆	节气门位置	☑ 29.86	%
⬆	加速踏板位置传感器1	☑ 0.98	V
⬆	加速踏板位置传感器1位置	☑ 0	%
⬆	节气门执行器控制电机	停用	
⬆	节气门执行器控制电机指令	☑ 0.0	%
⬆	制动踏板位置传感器信号	已释放	
⬆	发动机转速	☑ 0.0	RPM
⬆	发动机负荷	☑ 0.0	%

通用(V1.0) ▸ (H)2017 ▸ (4)别 克 ▸ Verano(威朗) ▸ 发动机控制模块 ▸ 1.5L L3G ▸ 自动 ▸ 读取数据流 ▸ 节气门执行器数据

图3-4-6 "初始状态"下节气门数据流

①发动机转速为0r/min。

②加速踏板位置为0%。

③节气门位置为29.86%。

④节气门执行器控制电动机指令为0.0%。

2）点火开关置于ON位置，加速踏板未踩下，发动机"怠速运行状态"下，节气门开度执行器的动态数据截屏如图3-4-7所示。

排序	名称	结果	单位
⬆	节气门位置	☑ 18.61	%
⬆	加速踏板位置传感器1	☑ 0.98	V
⬆	加速踏板位置传感器1位置	☑ 0	%
⬆	节气门执行器控制电机	停用	
⬆	节气门执行器控制电机指令	☑ 21.96	%
⬆	制动踏板位置电路信号	已释放	
⬆	发动机转速	☑ 824.75	RPM
⬆	发动机负荷	☑ 29.80	%

通用(V1.0) ▸ (H)2017 ▸ (4)别 克 ▸ Verano(威朗) ▸ 发动机控制模块 ▸ 1.5L L3G ▸ 自动 ▸ 读取数据流 ▸ 节气门执行器数据

图3-4-7 "怠速运行状态"下节气门数据流

①发动机转速为825r/min。

②加速踏板位置为0%。

③节气门位置为18.61%。

④节气门执行器控制电动机指令为21.96%。

3）点火开关置于ON位置，加速踏板被踩下，发动机运行在"负荷请求状态"下，节气门开度执行器的动态数据截屏如图3-4-8所示。

排序	名称	结果	单位
	节气门位置	☑ 27.66	%
	加速踏板位置传感器1	☑ 1.55	V
	加速踏板位置传感器1位置	☑ 19	%
	节气门执行器控制电机	停用	
	节气门执行器控制电机指令	☑ 27.45	%
	制动踏板位置电路信号	已释放	
	发动机转速	☑ 3127.50	RPM
	发动机负荷	☑ 16.08	%

通用(V1.0) › (H)2017 › (4)别克 › Verano(威朗) › 发动机控制模块 › 1.5L L3G › 自动 › 读取数据流 › 节气门执行器数据

图 3-4-8 "负荷请求状态"下节气门数据流

①发动机转速为3128r/min。

②加速踏板位置为19%。

③节气门位置为27.66%。

④节气门执行器控制电动机指令为27.45%。

结论：通过以上三种状态下节气门开度执行器数据流分析，节气门开度执行器工作状况正常。

二、节气门开度执行器波形检测

（一）示波器检测线路连接

利用示波器双通道功能，测量节气门开度执行器电动机两端接线端子波形，定格完整的波形图，判断其工作性能，如图3-4-9所示。

通道一：示波器"（+）表笔1"连接节气门体总成端子Q38/1，"（-）表笔1"连接Q38/4端子。

通道二：示波器"（+）表笔2"连接节气门体总成端子Q38/2，"（-）表笔2"连接Q38/4端子。

示波器横轴每格时间为100μs/div，纵轴每格电压为5V/div。

Q38节气门体

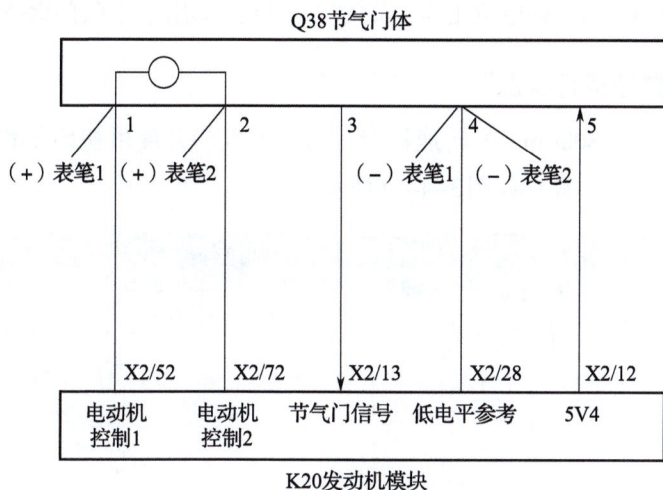

图 3-4-9　节气门开度执行器测试连接示意图

（二）示波器波形图检测及分析

1. 节气门"初始状态"

1）波形图测试：点火开关置于ON位置，发动机未运转，节气门控制电动机没有动作，节气门约有30%的开度，波形如图3-4-10所示。

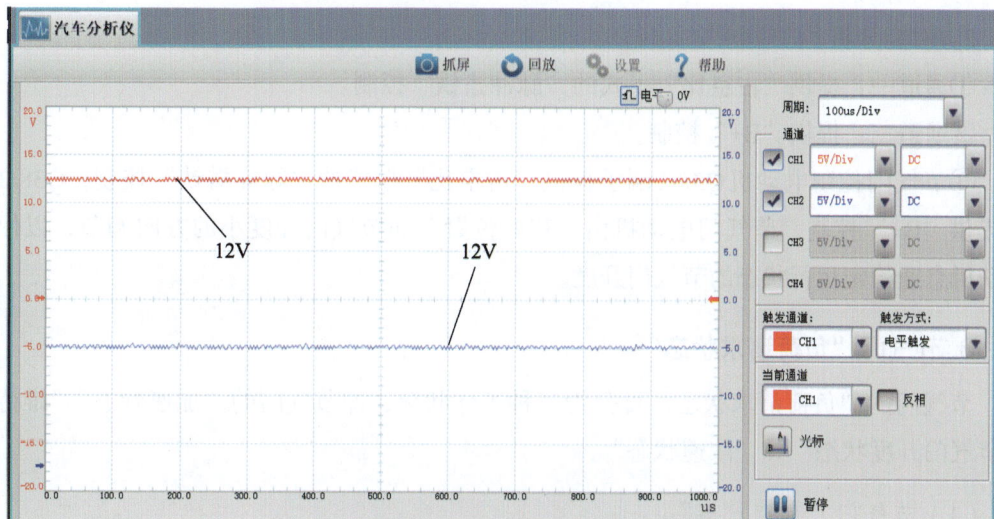

图 3-4-10　节气门"初始状态"下波形图

2）性能分析。

①通道一：12V左右的蓄电池电压。

②通道二：12V左右的蓄电池电压。

③节气门控制电动机两端电位相等，节气门电动机不动作，节气门保持30%的初始开度。

2. 节气门"怠速运行状态"

1）发动机以700~800r/min的转速稳定运行，节气门开度由初始位置向着开度减小的方向调节（负向调节），波形如图3-4-11所示。

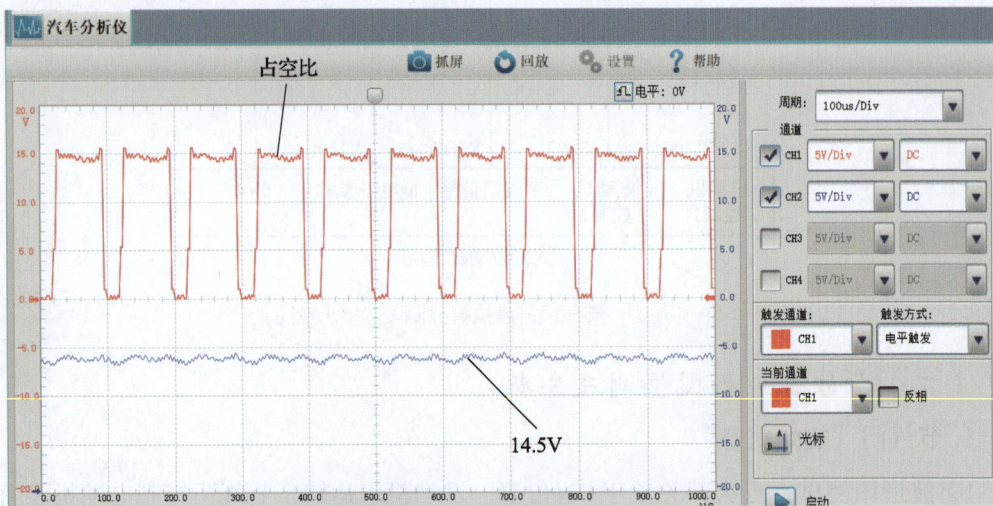

图3-4-11　节气门"怠速运行状态"波形图

2）性能分析。

①通道一：提供"占空比"模式的"脉冲搭铁"控制。

②通道二：提供"B+"控制。

③节气门控制电动机Q38/1端子提供"占空比"模式的"脉冲搭铁"控制，Q38/2端子提供"B+"控制，节气门电动机由"初始位置"向节气门开度小的方向调节，以保持发动机怠速稳定运行状态的节气门开度。

3. 节气门"负荷请求状态"

节气门的"负荷请求状态"可分为三种工作状况，即节气门的"加速状态""维持某一节气门开度状态"和"减速状态"。

（1）节气门"加速状态"

1）波形图测试：节气门由怠速运行位置迅速向开度增大方向调节（正向调节），如图3-4-12所示。

2）性能分析。

①通道一：提供"B+"控制。

②通道二：提供"搭铁"控制。

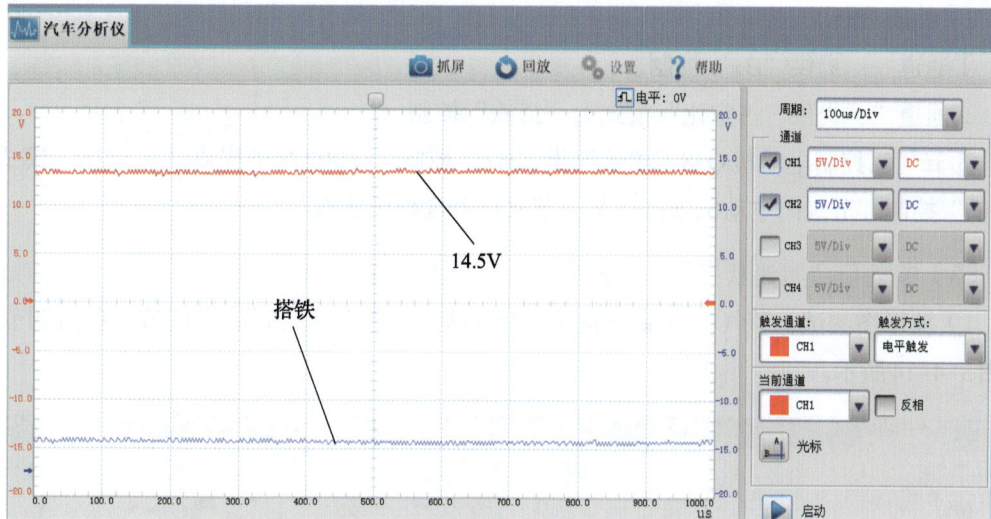

图 3-4-12 节气门"加速状态"波形图

③节气门控制电动机 Q38/1 端子提供"B+"控制，Q38/2 端子提供"搭铁"控制，由于此时电动机电流为最大值（100% 的占空比），节气门电动机由怠速位置迅速向节气门开度增大方向调节。

（2）节气门"维持某一节气门开度状态"

1）波形图测试：节气门由怠速运行状态迅速向开度增大方向调节（正向调节）后，发动机电控单元（ECU）会根据驾驶人踩踏加速踏板的"深度"和"力度"请求，结合实时的发动机转速及车辆负载情况，维持在某一节气门开度不变位置，如图 3-4-13 所示。

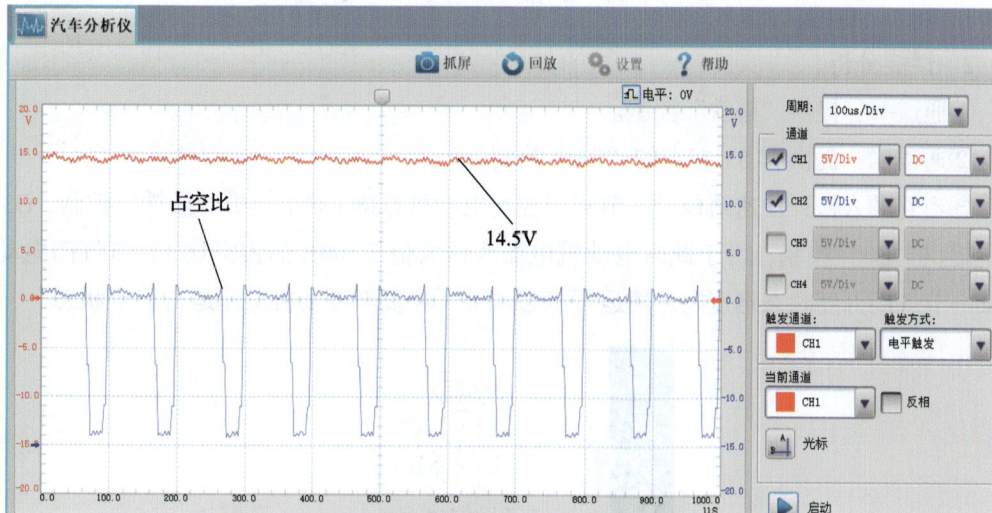

图 3-4-13 节气门"维持某一节气门开度状态"波形图

2）性能分析。

①通道一：提供"B+"控制。

②通道二：提供"占空比"模式的"搭铁"控制。

③节气门控制电动机Q38/1端子提供"B+"控制，Q38/2端子提供"占空比"模式的"搭铁"控制，节气门电动机维持在某一节气门开度稳定状态。

（3）节气门"减速状态"

1）波形图测试：节气门由某一节气门开度状态向着怠速运行状态调节（负向调节），如图3-4-14所示。

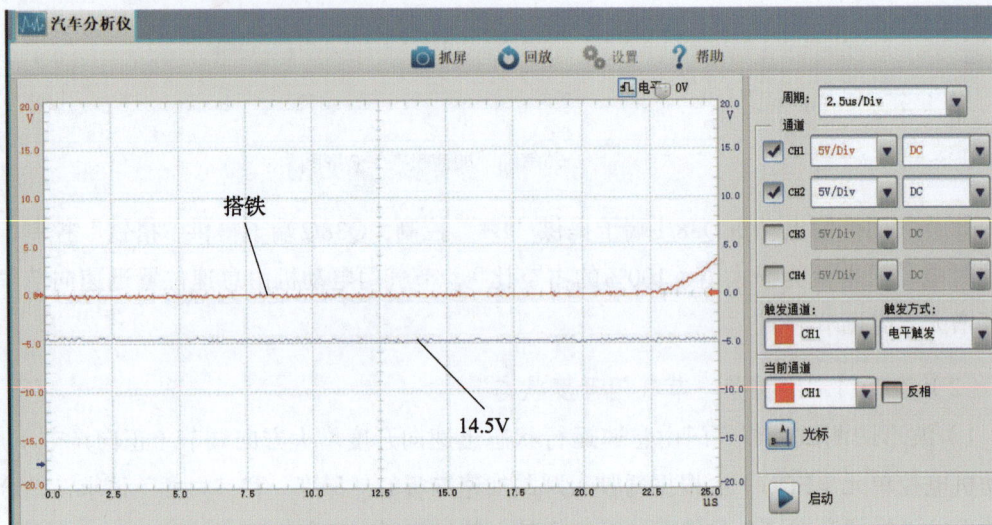

图3-4-14 节气门"减速状态"下波形图

2）性能分析。

①通道一：提供"搭铁"控制。

②通道二：提供14.5V左右的"B+"控制。

③当驾驶人松开加速踏板时，节气门控制电动机Q38/1端子提供"搭铁"控制，Q38/2端子提供"B+"控制，由于此时电动机电流为最大值（100%的占空比），节气门电动机由某一节气门开度状态迅速向怠速运行状态调节，恢复至发动机怠速运行稳定状态。

扫二维码观看微课

节气门开度执行器检测

项目四 发动机燃油供给系统故障诊断与排除

项目描述

　　发动机燃油供给系统将储存在油箱中的燃料经过加压、过滤后，输送至燃油共轨装置，然后通过安装在其上的喷油器喷出，与空气混合形成可燃混合气。按照喷油器安装位置的不同可分为两种类型：一种为安装在进气歧管上的低压喷油器，在进气歧管内形成可燃混合气；另一种为安装在气缸盖上的高压喷油器，直接将燃油以高压形式喷入气缸，在气缸内部形成可燃混合气，喷油量和喷油时间均由发动机控制单元根据综合情况确定。为了解决汽油挥发性强、易汽化等问题，燃油供给系统设有燃油蒸气回收装置。发动机正常工作时，将储存在活性炭罐内的燃油蒸气吸入进气歧管，节省了燃料，解决了燃油蒸气污染环境的问题。

　　本单元通过对进气系统数据流和波形的分析，找到了引起发动机燃油供给系统工作不良的原因，提高了维修作业人员分析问题、解决问题的能力，对发动机燃油供给系统工作不良故障有了较全面的认识。

学习任务一　低压燃油供给装置检测

知识目标

1. 了解低压燃油供给系统的作用和工作方式。
2. 掌握低压燃油供给系统正常工作的基本要求。

技能目标

1. 会用诊断仪和示波器对低压燃油供给系统性能进行检测。
2. 会用万用表对低压燃油供给系统线路和元件进行基本检测。

1. 培育学生团队意识、协作精神、责任意识和爱岗敬业精神。
2. 培育学生安全意识的形成，营造良好的工作、学习环境。
3. 培育学生积极思考、主动学习的能力。
4. 增强学生完成工作任务的执行力，培养对社会和企业的责任感。

知识储备　低压燃油供给装置

一、低压燃油供给装置

低压燃油供给装置由燃油箱、燃油泵、燃油滤清器、燃油管路、燃油压力调节器、供油轨和喷油器等组成，如图4-1-1所示。

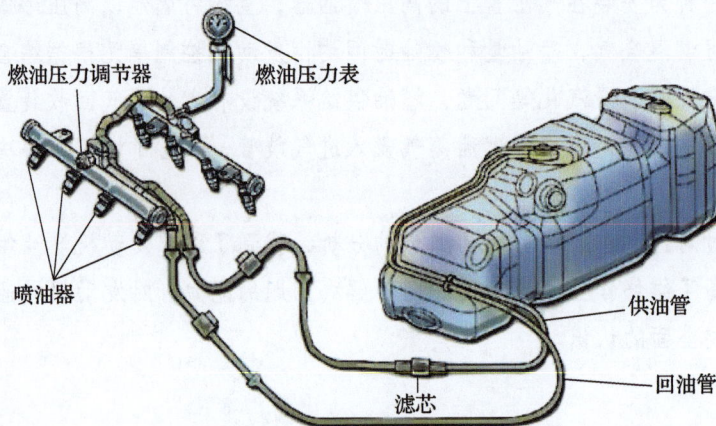

图4-1-1　低压燃油供给装置组成简图

1. 低压燃油供给装置的作用

燃油供给系统把燃油从燃油箱运送至燃油管路中，定时、定量地喷射到发动机进气歧管内，与进入的空气均匀混合，形成可燃混合气。决定喷油器喷射量的主要因素有两个，喷油压力和喷油持续时间（喷油脉宽）。低压喷油系统压力一般维持在250~400kPa之间，喷油量由发动机电控单元控制喷油器线圈的通电时间（喷油脉宽）长短决定。

2. 低压燃油供给装置主要部件

1）燃油箱：一般由高分子聚乙烯吹塑成型，加满燃油后确保车辆行驶500km以上，燃油箱必须具备防静电、防翻车漏油和防漏气等功能，如图4-1-2所示。

2）燃油泵总成。燃油泵总成一般装在油箱内，为燃油泵、油量传感器和燃油滤清器等部件的组合体。在油泵出口上装有单向阀，当油泵停止工作时，确保燃油管路中维持适当的油压，为车辆起动储备一定压力的燃油。油泵总成如图4-1-3所示。

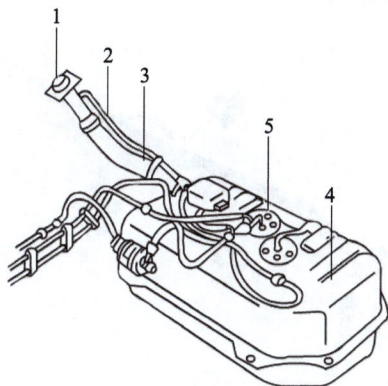

图4-1-2 燃油箱结构图

1—燃油加注口　2—加油通气软管　3—加注导油管　4—燃油箱体　5—翻车防漏阀

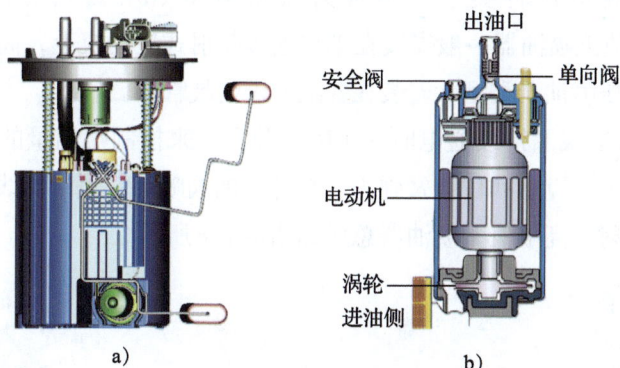

a)　　　　　　　　　b)

图4-1-3 燃油泵总成示意图

a）燃油泵总成组件（油泵支架、油泵、滤网、液位传感器等）　b）油泵结构示意图

燃油泵有多种控制类型，图4-1-4所示为电控单元通过油泵继电器控制方式，在发动机起动、运行中油泵及时投入工作，确保供油管路中储备一定压力的燃油。

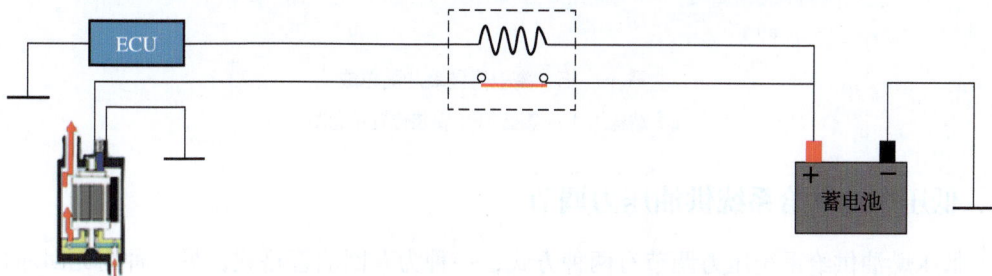

图4-1-4 电控单元控制油泵继电器式低压燃油供给装置

3）供油轨和喷油器总成。供油轨由不锈钢或铸铝等材料制成，一般固定在进气歧管上，尽可能隔离热源。供油轨将燃油均匀、等压地输送给各缸喷油器，喷油器通过固定夹安装在供油轨上，如图4-1-5所示。

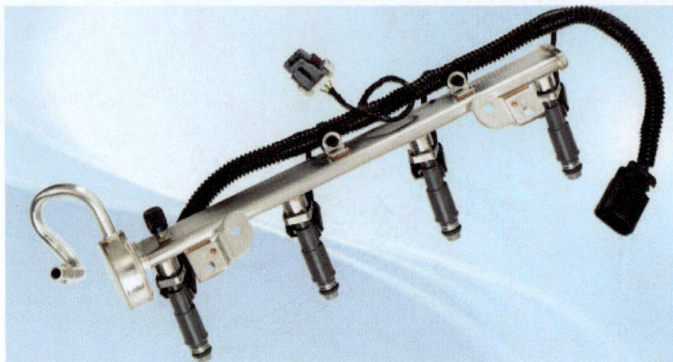

图 4-1-5　供油轨和喷油器总成

低压喷油器现有两种类型，一种为低阻值型（1~3Ω），另一种为高阻值型（12~16Ω）。低阻值型喷油器一般安装在单点连续喷射式发动机上，高阻值型喷油器为现代发动机常用的低压喷油器类型，安装在各缸的进气歧管上。

ECM通过喷油器线圈持续通电时间（喷油脉宽）来控制喷油量的大小。当喷油器线圈通电时产生磁场力，克服回位弹簧弹力，打开喷油阀喷油；喷油器线圈断电时，关闭喷油阀，停止燃油喷射。高阻值型喷油器总成如图4-1-6所示。

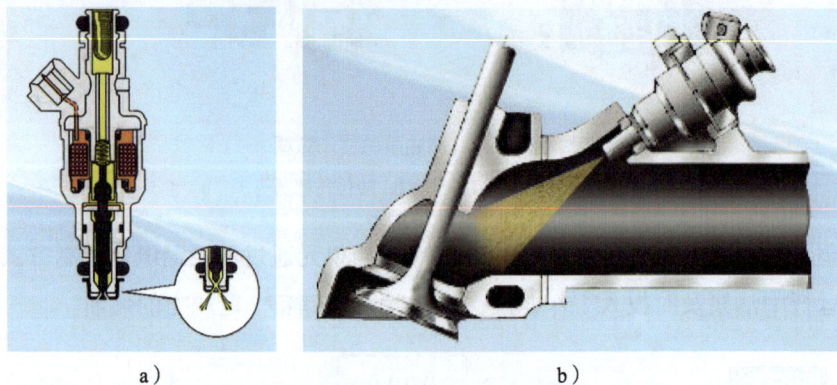

a）　　　　　　　　　　b）

图 4-1-6　高阻值型喷油器总成

a）结构组成示意图　b）安装位置示意图

二、低压燃油供给系统供油压力调节

低压燃油供给系统压力调节有两种方式，一种为有回油管路式，另一种为无回油管路式。现代汽车常用无回油管路式低压燃油压力调节方式。

1. 有回油管路式低压燃油压力调节方式

有回油管路式燃油压力调节装置如图4-1-7所示。燃油被油泵加压后，经过安装在供油轨上的压力调节器调压后，多余的燃油经回油管路流回油箱，保持0.25~0.30MPa的低压管路供油压力。油压调节器通过软管与节气门后方连接，使得燃油压力实时随节气门后方进气压力波动而变化，始终确保喷油压力与节气门后方进气压力差值为0.25MPa。

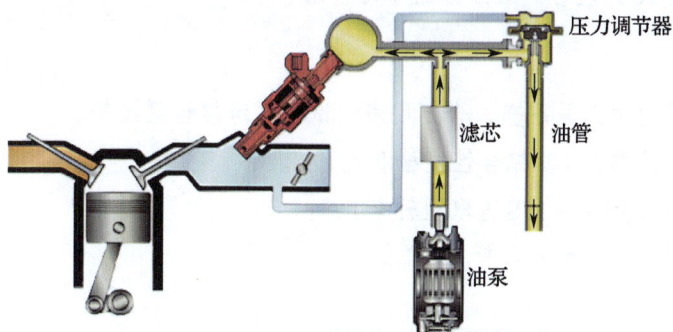

图4-1-7 有回油管路式低压燃油压力调节装置

2. 无回油管路式燃油压力调节方式

无回油管路式燃油压力调节装置如图4-1-8所示。油压调节器安装在燃油泵总成上，燃油经滤清器过滤后再加压，一部分燃油供至油轨，另一部分燃油经油压调节器调压后，由回油装置直接流回油箱，确保低压燃油供给系统始终保持0.40MPa左右的供油压力。

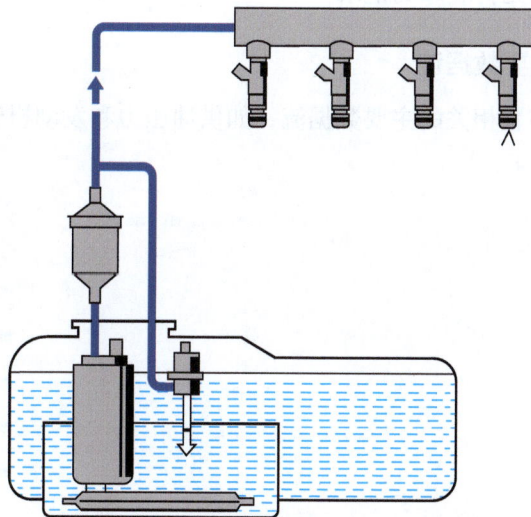

图4-1-8 无回油管路式燃油压力调节装置

任务实施　低压燃油供给装置性能检测

场所要求

1）场所设施（供电、通风等）符合安全作业标准，场地面积在 $60m^2$ 以上。

2）采光条件（大于500lx）满足一体化教学需求。

3）能够满足30人左右的班级分组学习需求。

项目准备

1）汽车维修通用工具一套，含万用表、试灯、跨接检测线等。

2）四通道示波器1台，综合性能检测仪1台。

3）上汽通用别克威朗15S进取型轿车1部。

4）上汽通用雪佛兰科沃兹轿车1部。

一、低压燃油供给装置主要数据流检测

用诊断仪连接车辆诊断接口，起动发动机运行，读取相关的故障码和数据流。

1. 检测车辆及诊断仪信息

1）检测车辆：别克威朗15S，发动机型号L3G。

2）诊断仪型号：博世720。

2. 读取相关故障码信息

故障码：□有　□无；故障码记录：

3. 读取相关的主要数据流

读取与燃油供给装置相关的主要数据流，如供油压力和发动机转速等信息，相关动态数据截屏如图4-1-9所示。

排序	名称	结果	单位
⊼	油规压力-期望值	☑ 453	kPa
⊼	燃油压力传感器	☑ 456	kPa
⊼	燃油压力传感器	☑ 3.06	V
⊼	所需的燃油导轨压力	☑ 4.00	MPa
⊼	燃油导轨压力传感器	☑ 3.99	MPa
⊼	发动机转速	☑ 792.75	RPM
⊼	喷油器占空比	☑ 1.19	ms

通用(V1.0) (H)2017 (4)别 克 Verano(威朗) 发动机控制模块 1.5L L3G 自动 读取数据流 燃油系统数据

图4-1-9　燃油供给装置低压系统主要数据

①发动机转速为793r/min。

②油轨压力期望值为453kPa。

③燃油压力为456kPa。

> 结论：燃油低压供油系统工作状况正常。

二、低压喷油器检测及波形测试

检测车辆：通用雪佛兰科沃兹，发动机型号L2B。

1.喷油器线圈电阻测量

点火开关置于OFF位置，断开喷油器连接插头，测量喷油器端子Q17/A与Q17/B之间的电阻值，电阻值为13.2Ω，喷油器线圈电阻值正常。

2.喷油器波形测试

（1）示波器检测线路连接（检测第一缸喷油器波形）

示波器"（＋）表笔"连接喷油器端子Q17A/B，"（－）表笔"连接发动机舱搭铁端子，如图4-1-10所示。

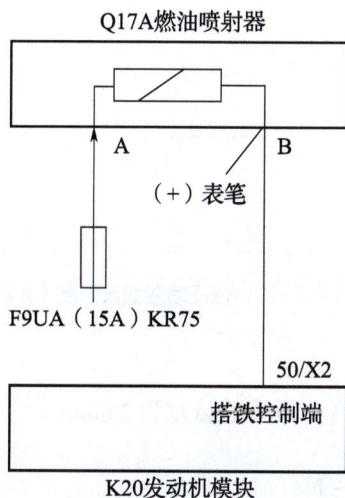

图 4-1-10　第一缸喷油器波形测试连接示意图

（2）示波器检测波形图

示波器波形图横轴每格时间为2.5ms/div，纵轴每格电压为20V/div，第一缸喷油器波形如图4-1-11、图4-1-12所示。

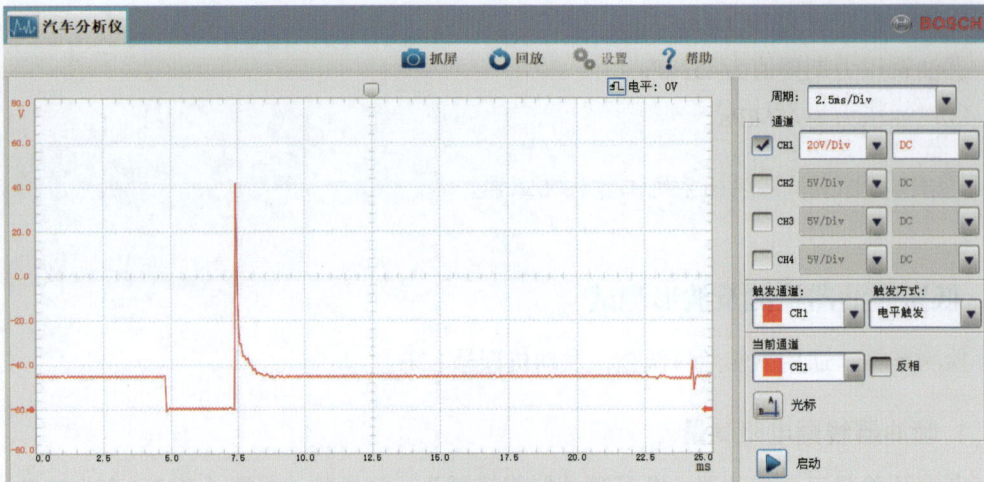

图 4-1-11　低压喷油器波形图（1）

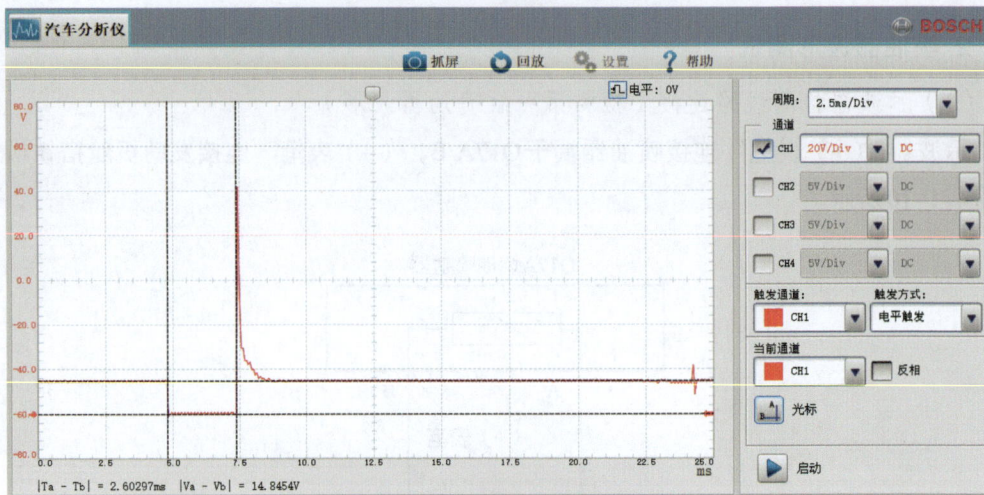

图 4-1-12　低压喷油器波形图（2）

（3）波形分析

发动机怠速运转时，一缸喷油器喷油脉宽为2.60ms。

结论：喷油器工作状况正常。

扫二维码观看微课

低压燃油供给装置
检测

高压燃油缸内直喷装置检测

知识目标

1. 了解高压燃油供给系统的作用和工作方式。
2. 掌握高压燃油供给系统正常工作的基本条件。

技能目标

1. 会用诊断仪和示波器对高压燃油供给系统性能进行检测。
2. 会用万用表对高压燃油供给系统线路和元件进行基本检测。

素养目标

1. 培育学生团队意识、协作精神、责任意识和爱岗敬业精神。
2. 培育学生安全意识的形成，营造良好的工作、学习环境。
3. 培育学生积极思考、主动学习的能力。
4. 增强学生完成工作任务的执行力，培养对社会和企业的责任感。

知识储备 高压燃油供给装置

缸内直喷（SIDI）发动机可将高压燃油直接喷入发动机燃烧室，极大地改善了燃油的雾化程度，从而获得更为强劲的动力，使得尾气排放更加符合国六b标准。

一、高压燃油缸内直喷系统组成

缸内直喷发动机燃油供给系统由低压燃油供给装置和高压燃油供给装置两部分组成，低压燃油供给装置与低压喷射式燃油系统基本相同，因此重点介绍高压燃油供给装置，该装置由高压油泵、高压油管、高压油轨及油轨传感器等组成。

1. 高压油泵

高压油泵是一个由凸轮轴驱动的单缸机械泵，如图4-2-1所示，根据需要，系统压力在0.4~15MPa之间调节，在高压泵上集成泄压阀，以防止系统压力超过上限阈值。其

图4-2-1 高压油泵总成

上安装有燃油压力调节电磁阀，该阀能根据发动机控制单元的脉宽调制信号，将油轨压力控制在需要的范围内。若控制电路开路或短路，电磁阀将弹簧处于打开状态，系统为低压模式，油轨喷油压力与低压供油系统压力相等。当燃油压力调节电磁阀发生故障时，发动机控制模块会设置相应的故障码，并点亮仪表板上的发动机故障指示灯。

2. 高压油管

高压油管连接在高压油泵和高压油轨之间，为不锈钢材质，如图4-2-2所示。拆卸高压油管时务必先对高压燃油系统进行泄压处理，否则喷出的高压燃油可能会导致皮肤和眼睛的严重伤害。

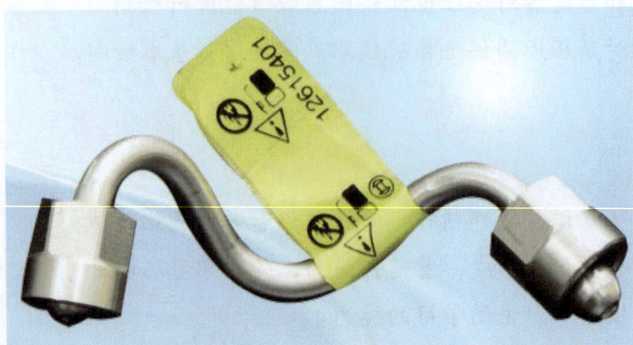

图4-2-2　高压油管

3. 高压油轨

高压油轨一般为不锈钢材料，由于承受较高的压力，其管壁较厚，末端装有油轨压力传感器，通过高压油管与各缸高压喷油器连接，如图4-2-3所示。

4. 油轨压力传感器

油轨压力传感器安装在高压油轨端部，如图4-2-4所示，其为3线霍尔式压力传感器（5V参考、搭铁和信号），此信号电压与油轨压力成正比。

图4-2-3　高压油轨总成

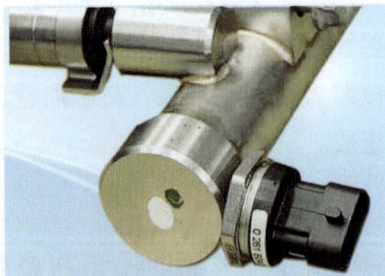

图4-2-4　油轨压力传感器

5. 高压喷油器

高压喷油器安装于气缸盖上，如图4-2-5所示，将燃油通过六个喷孔直接喷入燃烧室，喷油器头部较为细长，改善了自身的散热效果。喷油器线圈电阻常温下一般为1.25~1.75Ω，线圈电阻值过大或过小会影响高压喷油器的工作性能。

6. 喷油系统控制

高压喷油系统由发动机控制单元直接控制，如图4-2-6所示，由喷油量和喷油正时控制两部分组成。其中，喷油量控制由燃油压力和喷油脉宽两个因素决定，喷油正时由初始喷油时刻决定。

图 4-2-5　高压喷油器

图 4-2-6　高压喷油器控制单元（发动机控制单元）

二、高压燃油缸内直喷系统工作过程

1. 燃油压力控制

高压燃油泵在凸轮轴的驱动下，将输送到其上的低压燃油进一步加压，发动机控制单元根据自身工况和油轨压力传感器等信息，对燃油压力电磁阀进行占空比控制，以实现高压燃油压力的闭环控制，如图4-2-7所示。

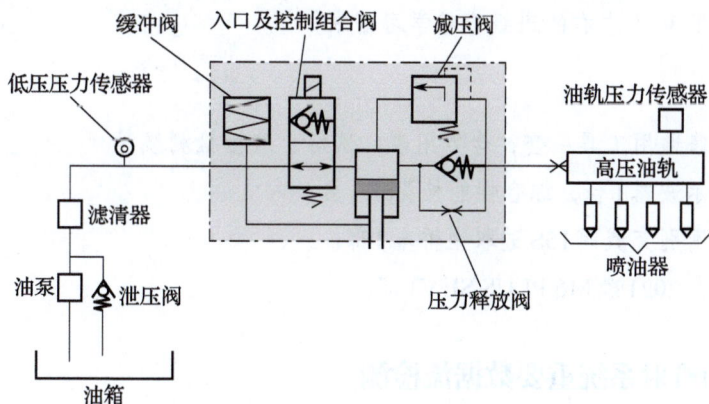

图 4-2-7　高压燃油泵燃油压力控制

2. 喷油脉宽控制

高压喷油器的喷油量由油轨压力和喷油脉宽两个因素决定。喷油器工作时，发动机控制模块首先给喷油器线圈提供65V的驱动电压，打开喷油器控制阀，然后利用12V的脉冲电压维持喷油器控制阀处于开启状态，因此喷油脉宽等于喷油器线圈65V驱动电压打开时间和12V脉冲电压维持喷油器开启时间之和。喷油脉宽控制如图4-2-8所示。

图4-2-8 喷油脉宽控制

3. 冷车起动喷油控制

有些车型冷起动时，喷油器执行两次喷油控制。发动机各缸在进气行程时执行第一次向气缸内喷油，形成较稀的混合气分布于燃烧室中；在压缩行程时执行第二次喷油，此时在火花塞区域形成较浓的混合气，有利于混合气的迅速点火燃烧，改善了发动机的冷起动性能，如图4-2-9所示。

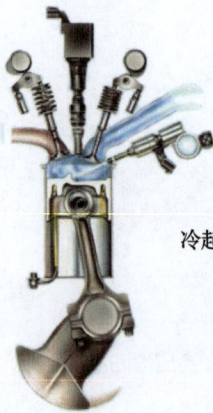

冷起动时，执行两次喷油动作

图4-2-9 冷车起动喷油控制

任务实施 高压燃油供给装置性能检测

场所要求

1）场所设施（供电、通风等）符合安全作业标准，场地面积在60m² 以上。

2）采光条件（大于500lx）满足一体化教学需求。

3）能够满足30人左右的班级分组学习需求。

项目准备

1）汽车维修通用工具一套，含万用表、试灯、跨接检测线等。

2）四通道示波器1台，综合性能检测仪1台。

3）上汽通用别克威朗15S进取型轿车1部。

4）长城哈弗2021款M6 PLUS SUV1部。

一、高压燃油喷射系统重要数据流检测

诊断仪连接车辆诊断接口，起动发动机运行，读取相关的故障码和数据流。

1. 检测车辆及诊断仪信息

1）检测车辆：上汽通用别克威朗15S，发动机型号为L3G。

2）诊断仪型号：博世720。

2. 读取相关故障码信息

故障码：□有 □无；故障码记录：

3. 读取与燃油供给装置和高压燃油系统相关的主要数据流

读取与燃油供给装置和高压燃油系统相关的主要数据流，如供油压力、燃油导轨压力和喷油器占空比等信息，相关动态数据截屏如图4-2-10所示。

通用(V1.0) › (H)2017 › (4)别克 › Verano(威朗) › 发动机控制模块 › 1.5L L3G › 自动 › 读取数据流 › **燃油系统数据**

排序	名称	结果	单位
⊼	油规压力-期望值	☑ 453	kPa
⊼	燃油压力传感器	☑ 447	kPa
⊼	燃油压力传感器	☑ 3.12	V
⊼	所需的燃油导轨压力	☑ 4.00	MPa
⊼	燃油导轨压力传感器	☑ 3.97	MPa
⊼	发动机转速	☑ 3015.50	RPM
⊼	喷油器占空比	☑ 0.96	ms

图 4-2-10 高压燃油系统主要数据流

①低压供油装置压力为453kPa。

②所需的燃油导轨压力为4.00MPa。

③燃油导轨压力传感器为3.97MPa。

④喷油器占空比为0.96ms。

> **结论：高压燃油供给系统工作性能正常。**

二、喷油器波形检测

1. 示波器检测线路连接（检测第一缸喷油器波形）

示波器"（＋）表笔"连接喷油器端子Q17A/2，"（－）表笔"连接低电平参考端子，如图4-2-11所示。

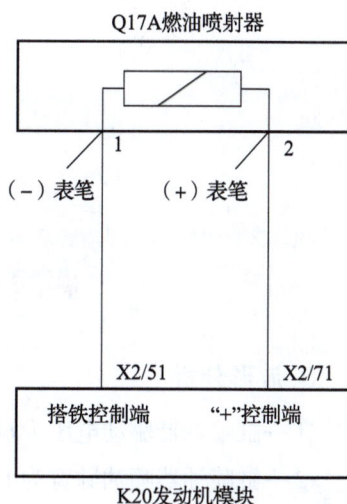

图 4-2-11 第一缸喷油器波形测试连接示意图

2. 示波器检测波形图

示波器波形图横轴每格时间为1ms/div，纵轴每格电压为20V/div，喷油器波形图如图4-2-12、图4-2-13所示。

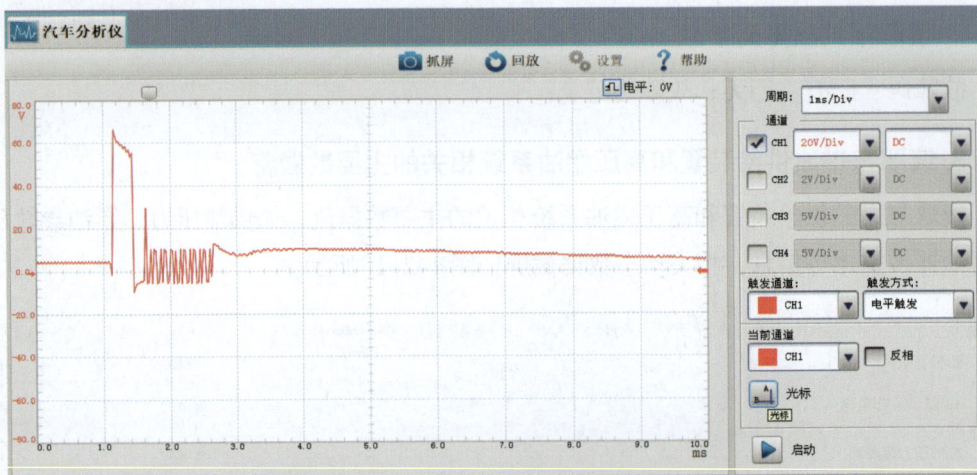

图 4-2-12　高压缸内直喷式喷油器波形图（1）

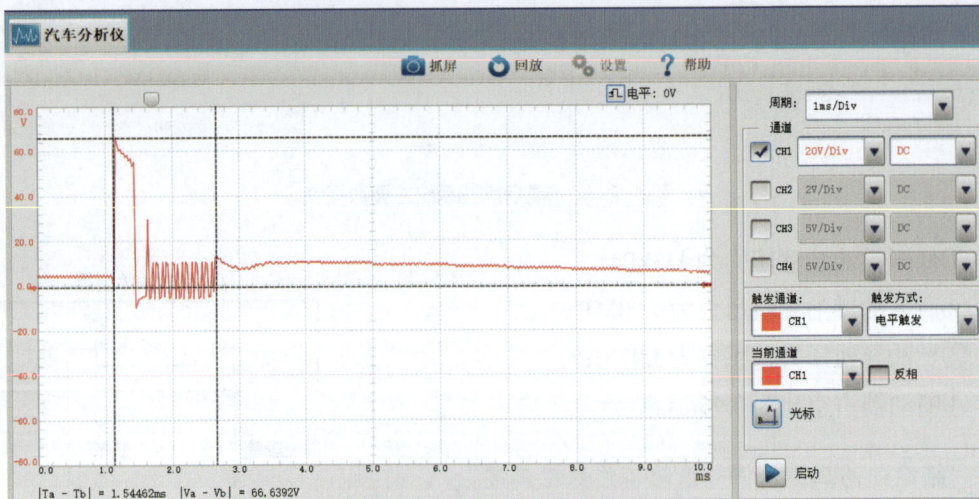

图 4-2-13　高压缸内直喷式喷油器波形图（2）

3. 波形分析

①一缸喷油器驱动电压为66.64V，维持电压为14.50V。

②一缸喷油器喷油脉宽为1.54ms。

结论： 高压喷油器工作状况正常。

拓展提升　高压直喷燃油供给装置故障模式下的"喷油控制"

　　当高压燃油喷射系统的高压泵调压装置、高压油轨压力传感器等部件出现故障时，燃油供给系统会自动由高压模式转为低压模式，此时高压油泵的泄压阀打开，高压油泵有效供油行程为零，系统压力直接由低压供油装置建立，油轨喷油压力保持与低压系统相等。

　　为维持发动机正常运行，喷油器在低压状态下会继续工作。由于供油系统压力较低，同高压模式相比，发动机控制模块会增加各缸喷油脉宽，维持必要的喷油量控制。此时仪表板上的发动机故障指示灯将点亮，提醒驾驶人及时检测维修。喷油器低压模式工作波形如图 4-2-14 所示。

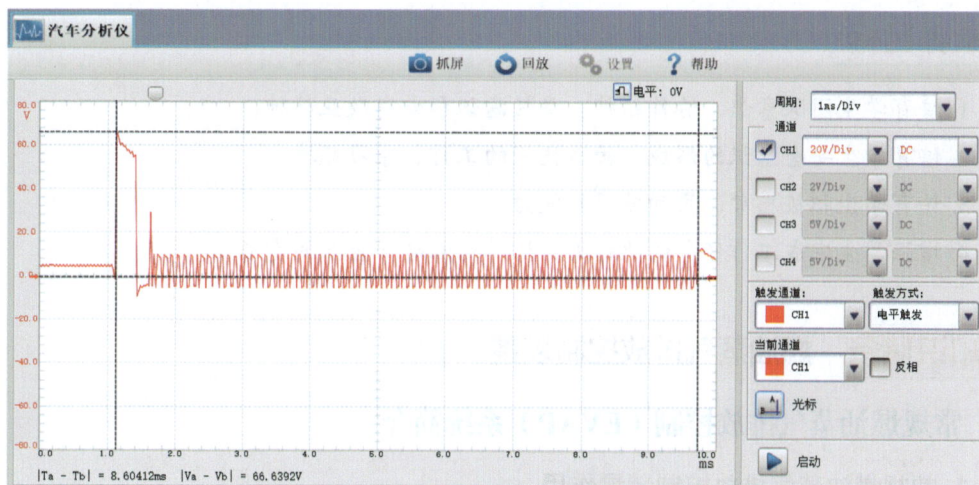

图 4-2-14　低压模式下喷油器波形图

　　1）怠速运转时喷油器驱动电压为 66.64V，维持电压为 14.50V。

　　2）怠速运转时喷油器喷油脉宽为 8.60ms。

　　结论：喷油器在低压（400kPa）模式状态下工作。

扫二维码观看微课

高压燃油缸内直喷
装置检测

学习任务三 燃油蒸气排放控制装置检测

知识目标

1. 了解燃油蒸气排放控制装置作用和工作方式。
2. 掌握燃油蒸气排放控制装置正常工作的基本要求。

技能目标

1. 会用诊断仪和示波器对燃油蒸气排放控制装置性能进行检测。
2. 会用万用表对燃油供给系统线路和元件进行基本检测。

素养目标

1. 培育学生团队意识、协作精神、责任意识和爱岗敬业精神。
2. 培育学生安全意识的形成，营造良好的工作、学习环境。
3. 培育学生积极思考、主动学习的能力。
4. 增强学生完成工作任务的执行力，培养对社会和企业的责任感。

知识储备 燃油蒸气排放控制装置

一、常规燃油蒸气排放控制（EVAP）系统简介

1. 常规燃油蒸气排放控制装置作用

燃油蒸气排放控制装置用于捕捉燃油蒸发释放的碳氢（HC）蒸气，如图4-3-1所示。该系统将碳氢蒸气存储在炭罐内的活性炭中，在发动机正常工作过程中，这些HC蒸气将会从活性炭中释放出来，通过进气歧管吸入发动机气缸内燃烧，通常称之为燃油蒸气炭罐吹洗装置。

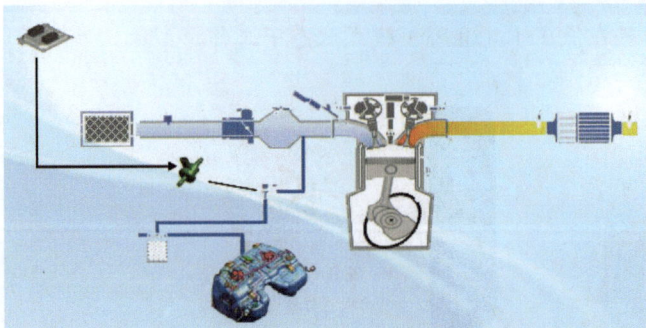

图4-3-1 常规燃油蒸气排放控制系统示意图

高等职业教育汽车类专业创新教材
技工院校高级工工学一体化教材

汽车发动机故障诊断与排除

实训工单

姜龙青　主编

班　　级:＿＿＿＿＿＿

姓　　名:＿＿＿＿＿＿

机械工业出版社

目录
Contents

项目一　发动机故障诊断与排除基础

学习任务一　发动机故障诊断流程简介

一、知识巩固

（一）判断题

1. 发动机诊断是通过诊断仪或示波器，进行发动机性能分析。　　　　　　　（　　）
2. 学员在场地内必须一直穿戴工作装、劳保皮鞋，但对劳保皮鞋头部有无铁护板没有明确规定。　　　　　　　　　　　　　　　　　　　　　（　　）
3. 场地内必须配备车轮挡块、车内四件套、车外三件套等物品，以满足对作业车辆的安全防护需要。　　　　　　　　　　　　　　　　　　　（　　）
4. 维修车间内起动发动机前，务必先开启废气抽排设备，并插好汽车废气抽排管。　　　　　　　　　　　　　　　　　　　　　　　　　　　（　　）

（二）选择题

1. "发动机电源管理"模块的作业范围是（　　　）。

   A. 发动机不能起动

   B. 发动机运行不良

   C. 发动机工作异响

2. "发动机诊断"模块的作业范围是（　　　）。

   A. 起动机不运转

   B. 起动机转动、发动机无法起动

   C. 发动机运行不良

3. 汽车维修作业中，作业内容不正确的是（　　　）。

   A. 维修车间内起动发动机前，务必先开启废气抽排设备，并插好汽车废气抽排管

   B. 废旧蓄电池可混入普通生活垃圾

   C. 废旧金属、塑料分类收集处理

4. 汽车维修作业中，个人安全防护不到位的是（　　　）。

   A. 学员在学习场所内必须一直穿戴工作装、劳保皮鞋，但劳保皮鞋头部可没有铁护板

B. 车辆底部作业或操作过程中有可能造成头部伤害时，应佩戴工作帽

C. 在操作过程中有可能造成手部伤害时，应佩戴布线手套，当手接触油污或有害液体时应佩戴橡胶手套

二、实习报告

姓名		班 级		实训日期	
训练项目题目					
主要实训内容记录					

（一）"作业实施个人防护"训练

（二）"车辆防护"和"场地清洁"训练

　　1. 车辆维保作业的防护

　　2. 作业场地清洁

（三）"环境保护"和"废弃物循环利用"的实施

实训中疑难点的记录（等待老师解决）	
教师评语	

学习任务二　汽车诊断及性能分析

一、知识巩固

（一）判断题

1. OBD-Ⅱ系统优先考虑满足发动机排放需求。　　　　　　　　　　（　　）

2. C类故障码为严重影响尾气排放的相关诊断故障码，诊断测试中首次
测试失败就会设置。　　　　　　　　　　　　　　　　　　　　（　　）

3. 清除故障码优先选择的方案为断开蓄电池负极清除法。　　　　　（　　）

4. 只要连续地开闭点火开关40次，就会完成热机循环检测，自动清除
故障信息记录。　　　　　　　　　　　　　　　　　　　　　　（　　）

5. 对于车辆上的不同系统，热机循环检测所需要的时间都相同。　　（　　）

（二）选择题

1. OBD-Ⅱ系统主要用于监控（　　）。

　　A. 汽油耗油量

　　B. 发动机的功率

　　C. 车辆的排放系统

2. OBD-Ⅱ系统要求全球所有的汽车制造商，实现维修诊断信息（　　）。

　　A. 全球统一

　　B. 各自品牌统一

　　C. 部分品牌统一

3. OBD-Ⅱ系统要求，故障码由字母和四位数字组成，如故障码P0300的字母表
示（　　）。

　　A. 车身系统

　　B. 底盘系统

　　C. 动力系统

4. OBD-Ⅱ系统要求，故障码可分为四类，以下哪一类与发动机排放无关
（　　）。

　　A. A类故障码

　　B. B类故障码

　　C. C类故障码

5. 清除故障码的方式有多种，其中优先选用（　　）。

　　A. 诊断仪清除法

　　B. 断开蓄电池负极清除法

　　C. 车辆诊断管理系统自动清除法

二、实习报告

姓名		班级		实训日期	
训练项目题目					
主要实训内容记录					

（一）用诊断仪读取故障码

（二）用诊断仪读取相关的数据流

  1. 动态数据流的读取

  2. 定格数据流的读取

（三）用诊断仪进行相关执行器的动态测试

实训中疑难点的记录（等待老师解决）	
教师评语	

学习任务三　示波器使用及性能分析

一、知识巩固

判断题

  1. 示波器带宽、采样率和存储深度是示波器的三大关键指标。　　　　　（　　）

2. 示波器采样频率必须大于被采样信号带宽的 1.5 倍以上。　　　　（　　）

3. 示波器的采样率越高，两次采样间隔的时间就越长。　　　　　　（　　）

4. 对于示波器的双通道测试功能，"通道一"和"通道二"两者的"时基"相等。　　　　　　　　　　　　　　　　　　　　　　　　　（　　）

5. 在最大存储深度一定的情况下，存储速度越快，存储时间就越短（存储深度 ＝采样率 × 采样时间）。　　　　　　　　　　　　　　　　（　　）

二、实习报告

姓名		班级		实训日期	
训练项目题目					
主要实训内容记录					
（一）用示波器对汽车上主要传感器进行波形测试					
1. 传感器波形测试					
2. 被测试传感器工作性能分析					
（二）用示波器对汽车上主要执行器进行波形测试					
1. 执行器波形测试					
2. 被测试执行器工作性能分析					
实训中疑难点的记录（等待老师解决）					
教师评语					

项目二　发动机点火控制系统故障诊断与排除

学习任务一　曲轴位置传感器检测

一、知识巩固

（一）判断题

1. 曲轴位置传感器信号盘上有 58 个均布信号凸起，缺失的 2 个凸起（间隔 18°）用以确定曲轴转角位置，即判断第一缸曲轴上止点的位置。（　　）
2. 曲轴位置传感器不能区分对应气缸为压缩上止点还是排气上止点。（　　）
3. 对于四冲程发动机，曲轴转动一圈，凸轮轴也转动一圈。（　　）
4. 磁阻式曲轴位置传感器电压波形为方波形状。（　　）
5. 霍尔式曲轴位置传感器为三线有源式结构，其内部集成了一个霍尔元件，通过霍尔效应传感器输出数字信号反映曲轴的运行状态。（　　）

（二）选择题

1. 对于四冲程发动机，曲轴位置传感器一个工作周期，发动机曲轴转过（　　）。

    A. 180°　　　　　　　　B. 360°　　　　　　　　C. 720°

2. 对于四冲程发动机，曲轴转动了 360°，凸轮轴转过了（　　）。

    A. 360°　　　　　　　　B. 180°　　　　　　　　C. 90°

3. 霍尔式曲轴位置传感器属于有源传感器，其工作电源由控制单元提供，电压一般为（　　）。

    A. 5V　　　　　　　　　B. 9V　　　　　　　　　C. 12V

4. 磁阻式两线曲轴位置传感器，按工作方式属于（　　）。

    A. 有源式传感器

    B. 无源式传感器

5. 与曲轴位置传感器相配合的是安装在曲轴后端的铁制基圆信号盘，一般情况下信号盘被均匀等分 60 份，每份间隔（　　），其上共有 58 个均布信号凸起，缺失的 2 个凸起用以确定曲轴转角位置。

    A. 6°

    B. 10°

    C. 12°

二、实习报告

姓名		班级		实训日期	
训练项目题目					
主要实训内容记录					

（一）霍尔式曲轴位置传感器主要数据流检测

1. 发动机转速

2. 发动机负荷

3. 节气门开度

4. 曲轴位置激活计数器

（二）霍尔式（磁阻式）曲轴位置传感器检测

1. 检测车辆及诊断仪型号

2. 示波器检测线路连接
   正表笔：_____；   负表笔：_____；
   横轴每格时间：_____/div；   纵轴每格电压：_____/div。

3. 定格检测波形，在下表中画出对应波形图

4. 波形分析

实训中疑难点的记录（等待老师解决）	
教师评语	

学习任务二　凸轮轴位置传感器及可变正时执行器检测

一、知识巩固

（一）判断题

1. 发动机工作时，曲轴和凸轮轴之间有着严格的对应关系。　　　　（　　）
2. 若凸轮轴位置传感器工作状况不正常，可变正时调节装置
   也能投入工作。　　　　　　　　　　　　　　　　　　　　（　　）
3. 发动机工况变化时，可变正时调节装置使得进排气门重叠角保持不变。（　　）
4. 可变正时调节执行器占空比变大，其调节力度会增加。　　　　（　　）
5. 可变正时调节装置不会参与整个发动机工作过程。　　　　　　（　　）

（二）选择题

1. 通用威朗轿车 L3G 发动机配气机构为（　　　）。

   A. 配备进气侧可变正时调节装置

   B. 配备进、排气侧可变正时调节装置

   C. 无可变正时调节装置

2. 一般情况下，可变正时调节装置是通过调节可变正时执行器控制参数的（　　　）
   实现的。

   A. 电压

   B. 线圈电阻

   C. 占空比

3. 发动机工作时，电控单元通过改变可变正时调节装置的进、排气门开启重叠角，
   可实现（　　　）。

   A. 废气再循环功能

   B. 涡轮增压器功能

   C. 三元催化器功能

4. 发动机怠速工作时，可变正时调节装置处于（　　　）状态。

   A. 基本不参与正时调节

   B. 仅进气侧正时调节装置起作用

   C. 仅排气侧正时调节装置起作用

5. 一般情况下，随着发动机转速升高，进气侧可变正时调节装置朝着配气正时提
   前方向调整，排气侧可变正时调节装置朝着配气正时迟后方向调整，该说法
   为（　　　）。

   A. 正确

   B. 错误

   C. 不确定

二、实习报告

姓名		班级		实训日期	
训练项目题目					
主要实训内容记录					

（一）可变正时元件的静态检测和动态检测

　1. 可变正时元件的静态检测

　2. 可变正时元件的动态检测

（二）可变正时装置的波形测试

　1. 检测车辆及诊断仪型号

　2. 示波器检测线路连接
　　正表笔：_____；　　　负表笔：_____；
　　横轴每格时间：_____/div；　　纵轴每格电压：_____/div。

　3. 定格检测波形，在下表中画出对应波形图

　4. 波形分析

实训中疑难点的记录（等待老师解决）	
教师评语	

学习任务三 点火控制系统检测

一、知识巩固

（一）判断题

1. 点火线圈的次级绕组匝数少、导线粗、电阻值小。 （   ）
2. 点火线圈的硅钢片将初级绕组和次级绕组构成封闭磁路，使其工作
效率更高。 （   ）
3. 对于基本点火提前角，随着转速的升高，点火提前角随之逐渐增大。 （   ）
4. 对于基本点火提前角，随着负荷的增大，点火提前角随之逐渐增大。 （   ）
5. 对于安装独立点火控制式点火器的发动机，爆燃传感器安装在气缸体
侧面，可单独对发生爆燃气缸的点火提前角进行调整。 （   ）

（二）选择题

1. 点火线圈是一个升压变压器，其工作机理为（   ）。
   A. 电磁感应
   B. 霍尔效应
   C. 负温度系数特性

2. 对于点火控制系统，产生击穿火花塞间隙的电压在（   ）。
   A. 初级绕组电流导通瞬间
   B. 初级绕组电流导通后断开瞬间
   C. 初级绕组持续导通时间内

3. 点火提前角由初始提前角、基本提前角和修正提前角三部分组成，其中当爆燃
发生时，（   ）将参与点火提前角调整。
   A. 初始点火提前角
   B. 基本点火提前角
   C. 修正点火提前角

4. 对于独立式点火器，发动机各缸均完成一次工作循环，其曲轴旋转了（   ）。
   A. 180°
   B. 360°
   C. 720°

5. 基本点火提前角由哪两个因素决定？（   ）
   A. 发动机"转速"+"负荷"
   B. 发动机"负荷"+"空气流量"
   C. 发动机"转速"+"冷却液温度"

二、实习报告

姓名		班级		实训日期	
训练项目题目					
主要实训内容记录					

（一）点火系统主要数据流的检测

1. 第一缸缺火统计

2. 第二缸缺火统计

3. 第三缸缺火统计

4. 第四缸缺火统计

（二）点火系统波形测试及性能分析

1. 检测车辆及诊断仪型号

2. 示波器检测线路连接
正表笔：_____；　　　负表笔：_____；
横轴每格时间：_____/div；　　纵轴每格电压：_____/div。

3. 定格检测波形，在下表中画出对应波形图

4. 波形分析

实训中疑难点的记录（等待老师解决）	
教师评语	

项目三　发动机进气系统故障诊断与排除

学习任务一　进气流量传感器总成检测

一、知识巩固

（一）判断题

1. 质量式空气流量传感器测量的是进入气缸的空气体积。　　　　　　　　（　　）
2. 目前常用的空气流量传感器多为翼片式结构类型。　　　　　　　　　　（　　）
3. 随着发动机进气量的增加，空气流量传感器频率信号会降低。　　　　　（　　）
4. 进入发动机的空气密度受温度影响较大，当温度升高时，其密度会
降低。　　　　　　　　　　　　　　　　　　　　　　　　　　　　（　　）
5. 进气温度传感器为正温度系数电阻传感器。　　　　　　　　　　　　　（　　）

（二）选择题

1. 进气流量传感器的安装位置在（　　　　）。
   A. 空气滤清器入口
   B. 节气门后方的进气歧管上
   C. 空气滤清器和节气门体之间的进气通道上
2. 现代汽车发动机常采用的空气流量传感器为（　　　　）。
   A. 翼片式
   B. 卡门涡旋式
   C. 热线式或热膜式
3. 数字式进气流量传感器随着进气量的增加，频率信号（　　　　）。
   A. 增加
   B. 减小
   C. 不变
4. 空气流量传感器通过检测加热电流的强弱来计算进气流量，当空气流量大或进气温度低时，保持电桥平衡所需的电流值大，反之电流值小，此信号经电压振荡控制器处理放大后，以（　　　　）信号输出。
   A. 电压　　　　　　B. 电流　　　　　　C. 频率
5. 进气温度传感器采用负温度系数电阻材料，随着温度的升高其阻值会（　　　　）。
   A. 增大　　　　　　B. 减小　　　　　　C. 不变

二、实习报告

姓名		班级		实训日期	
训练项目题目					
主要实训内容记录					

（一）进气流量传感器主要数据流检测

1. 发动机转速

2. 总质量空气流量

3. 进气温度、湿度

4. 节气门开度

（二）进气流量传感器波形测试

1. 检测车辆及诊断仪型号

2. 示波器检测线路连接
   正表笔：＿＿＿＿＿＿＿＿＿；　　　负表笔：＿＿＿＿＿＿＿；
   横轴每格时间：＿＿＿＿＿/div；　　纵轴每格电压：＿＿＿＿＿＿＿/div。

3. 定格检测波形，在下表中画出对应波形图

4. 波形分析

实训中疑难点的记录（等待老师解决）	
教师评语	

学习任务二 进气歧管压力传感器检测

一、知识巩固

（一）判断题

1. 进气歧管压力传感器测量方式为速度密度式。　　　　　　　　（　　）
2. 进气歧管压力传感器向发动机控制单元输送的信号为模拟信号。（　　）
3. 随着发动机进气量的增加，节气门后方的真空度会逐渐升高。（　　）
4. 点火开关置于 ON 位置，发动机未运行，进气歧管压力传感器向发动机控制单元输送的电压信号为最小值。　　　　　　　　　　（　　）
5. 点火开关置于 ON 位置，发动机未运行，节气门后方的压力值等于大气压信号值。　　　　　　　　　　　　　　　　　　　　　（　　）

（二）选择题

1. 进气歧管压力传感器的安装位置在（　　　）。
   A. 空气滤清器入口处
   B. 节气门后方的进气歧管上
   C. 空气滤清器和节气门体之间的进气通道上

2. 进气歧管压力传感器常采用（　　　）传感器。
   A. 膜片压力式
   B. 卡门涡旋式
   C. 热线式或热膜式

3. 当点火开关置于 ON 位置，发动机未运转时，进气歧管压力传感器电压信号随节气门开度的增大而（　　　）。
   A. 增加
   B. 减小
   C. 不变

4. 发动机运行，进气歧管压力传感器电压信号随节气门开度的增大而（　　　）。
   A. 增加
   B. 减小
   C. 不变

5. 发动机运行，随着节气门开度的增大，节气门后方的真空度逐渐（　　　）。
   A. 增加
   B. 减小
   C. 不变

二、实习报告

姓名		班级		实训日期	
训练项目题目					
主要实训内容记录					

（一）进气歧管压力传感器主要数据流检测

1. 发动机转速

2. 歧管绝对压力传感器

3. 进气温度、湿度

4. 节气门开度

（二）进气歧管压力传感器波形测试

1. 检测车辆及诊断仪型号

2. 示波器检测线路连接

  正表笔：_____； 负表笔：_____；

  横轴每格时间：_____/div; 纵轴每格电压：_____/div。

3. 定格检测波形，在下表中画出对应波形图

4. 波形分析

实训中疑难点的记录（等待老师解决）	
教师评语	

学习任务三 加速踏板及节气门位置传感器检测

一、知识巩固

（一）判断题

1. 加速踏板位置传感器将驾驶人踩踏加速踏板的深度信号（负荷信号）转化为电压信号，传给发动机控制单元，用以检测驾驶人对车辆动力的需求。 （   ）

2. 节气门位置传感器（TPS）与节气门轴连接在一起，当节气门动作时其随之一起动作。 （   ）

3. 一般情况下，加速踏板位置传感器，V1 与 V2 信号两者之间的关系为 V1+V2=5V。 （   ）

4. 一般情况下，节气门位置传感器，V1 与 V2 信号两者之间的关系为 V1+V2=5V。 （   ）

5. 加速踏板位置传感器传给发动机控制单元的电压信号为模拟信号。 （   ）

（二）选择题

1. 加速踏板位置传感器属于（   ）。
   A. 电控单元信号装置
   B. 电控单元执行装置
   C. 信号单元和执行装置组合体

2. 电子节气门体总成属于（   ）。
   A. 电控单元信号装置
   B. 电控单元执行装置
   C. 信号单元和执行装置组合体

3. 加速踏板位置传感器通常有滑动电阻式和霍尔式两种类型，其中（   ）传感器使用寿命长、信号更稳定。
   A. 滑动电阻式
   B. 霍尔式

4. 加速踏板位置传感器设有 V1 和 V2 两个检测信号，为冗余设计模式，其目的是增加传感器工作的可靠性，当一个信号装置失效后，另一个信号装置可继续工作，对此说法的判断为（   ）。
   A. 正确
   B. 错误
   C. 不一定

5. 发动机运行，随着加速踏板踩踏程度的增加，节气门的开度将会（   ）。
   A. 逐渐增加   B. 逐渐减小   C. 不变

二、实习报告

姓名		班级		实训日期	
训练项目题目					
主要实训内容记录					

（一）加速踏板和节气门位置传感器主要数据流检测

　1. 加速踏板位置

　　1）加速踏板位置传感器 1 信号

　　2）加速踏板位置传感器 2 信号

　2. 节气门位置

　　1）节气门位置传感器 1 信号

　　2）节气门位置传感器 2 信号

（二）节气门位置传感器波形测试

　1. 检测车辆及诊断仪型号

　2. 示波器检测线路连接
　　正表笔：＿＿＿＿＿＿＿＿＿＿；　　　负表笔：＿＿＿＿＿＿＿＿＿＿；
　　横轴每格时间：＿＿＿＿＿＿/div；　　纵轴每格电压：＿＿＿＿＿＿＿＿/div。

　3. 定格检测波形，在下表中画出对应波形图

　4. 波形分析

实训中疑难点的记录（等待老师解决）	
教师评语	

学习任务四　节气门开度执行器检测

一、知识巩固

（一）判断题

1. 现代汽车常用的电子节气门控制装置为步进电动机式结构。（　　）
2. 电子节气门控制装置直流伺服式电动机为脉宽调制控制模式。（　　）
3. 节气门位置传感器（TPS）与节气门轴连接在一起，由节气门电动机驱动，并随之动作。（　　）
4. 发动机在怠速状态下运行，节气门开度由"初始位置"向"开度增大方向"调节。（　　）
5. 电子节气门控制装置直流伺服电动机为脉宽调制控制模式，通过调节电动机的平均"电压值"大小，来控制节气门开度位置。（　　）

（二）选择题

1. 电子节气门控制装置有步进电动机式和直流伺服电动机式等两种类型，其中（　　）采用脉宽调制（PWM）模式进行控制。
   A. 步进电动机式
   B. 直流伺服电动机式
   C. 两者皆可
2. 常用的电子节气门控制装置电动机为（　　）模式。
   A. 单向调节
   B. 双向调节
3. 电子节气门控制装置在"怠速运行状态"下，由节气门"初始状态"向（　　）调节。
   A. 开度增大方向
   B. 开度减小方向
   C. 开度不变
4. 当驾驶人踩踏加速踏板至某一位置时，发动机控制单元会根据踩踏"深度"和"力度"请求，节气门由"怠速运行状态"向（　　）调节。
   A. 开度增大方向
   B. 开度减小方向
   C. 开度不变
5. 节气门电动机没有动作时，节气门约有（　　）的开度，该位置确保了节气门电动机在失效情况下，发动机仍能低速运转（跛行状态），确保车辆返厂维修。
   A. 10%　　　　B. 20%　　　　C. 30%

二、实习报告

姓名		班级		实训日期	
训练项目题目					
主要实训内容记录					

（一）节气门开度执行器主要数据流检测

  1. 发动机转速

  2. 加速踏板位置

  3. 节气门位置

  4. 节气门执行器控制电动机指令

  5. 发动机负荷

（二）发动机怠速运行时，节气门位置执行器波形测试

  1. 检测车辆及诊断仪型号

  2. 示波器检测线路连接

    正表笔：_____；　　　负表笔：_____；

    横轴每格时间：_____/div；　　纵轴每格电压：_____/div。

  3. 定格检测波形，在下表中画出对应波形图

  4. 波形分析

实训中疑难点的记录（等待老师解决）	
教师评语	

项目四　发动机燃油供给系统故障诊断与排除

学习任务一　低压燃油供给装置检测

一、知识巩固

（一）判断题

1. 影响喷油器喷油量大小的因素只有发动机电控单元的喷油脉宽。　　　（　　　）
2. 低阻值型喷油器一般安装在单点连续喷射式发动机上。　　　　　　　（　　　）
3. 高阻值型喷油器一般安装在发动机各缸的进气歧管上。　　　　　　　（　　　）
4. 在油泵上设有调压阀，当油泵停止工作时，确保燃油管路中保持一定的油压，为车辆起动储备燃油。　　　　　　　　　　　　　　　　（　　　）
5. 喷油器喷油量的大小一般通过调节喷油脉宽来实现，随着喷油脉宽的增加，喷油量会减小。　　　　　　　　　　　　　　　　　　　（　　　）

（二）选择题

1. 喷油器的喷油量由以下两个因素决定，为（　　　）。

   A. 喷油压力和喷油脉宽

   B. 喷油压力和喷油时刻

   C. 喷油质量和喷油脉宽

2. 对于设有回油管路压力调整方式的供油装置，调压范围一般为 0.25~0.30MPa，发动机工作时，随着节气门开度增大，供油压力应（　　　）。

   A. 向增大方向调整

   B. 向减小方向调整

   C. 保持不变

3. 在油泵上设有（　　　），当油泵停止工作时，确保燃油管路中保持一定的油压，为车辆起动储备一定压力的燃油。

   A. 调压阀　　　　　　　　B. 双向阀　　　　　　　　C. 单向阀

4. 高阻值型喷油器线圈电阻一般为（　　　）。

   A. 1~3Ω　　　　　　　　B. 12~16Ω　　　　　　　　C. 22~26Ω

5. 喷油器喷油量的大小一般通过调节喷油脉宽来实现，随着喷油脉宽的增加，喷油量会（　　　）。

   A. 增大　　　　　　　　B. 减小　　　　　　　　C. 不变

二、实习报告

姓名		班级		实训日期	
训练项目题目					
主要实训内容记录					

（一）低压燃油供给装置主要数据流检测

  1. 发动机转速

  2. 油轨压力期望值

  3. 油轨压力值

  4. 喷油器占空比

（二）喷油器波形测试

  1. 检测车辆及诊断仪型号

  2. 示波器检测线路连接
    正表笔：_____；   负表笔：_____；
    横轴每格时间：_____/div；   纵轴每格电压：_____/div。

  3. 定格检测波形，在下表中画出对应波形图

  4. 波形分析

实训中疑难点的记录（等待老师解决）	
教师评语	

学习任务二 高压燃油缸内直喷装置检测

一、知识巩固

（一）判断题

1. 高压喷油器的喷油量由油轨压力和喷油脉宽两个因素决定。　　　　（　　）

2. 与传统式燃油缸外喷射系统相比较，高压缸内直喷系统喷油脉宽相对较长。　　　　（　　）

3. 对于高压缸内直喷系统的喷油器，低温起动时要执行两次喷油动作，均在该缸压缩行程上止点附近完成。　　　　（　　）

4. 高压缸内直喷系统的油轨压力是通过安装在高压油泵上的压力调节电磁阀，以占空比的方式进行调节的。　　　　（　　）

5. 拆卸高压油管时必须先对高压燃油进行泄压，否则泄漏的高压燃油可能会导致皮肤和眼睛的严重伤害。　　　　（　　）

（二）选择题

1. 高压缸内直喷系统进入气缸的为（　　　）。

   A. 纯空气

   B. 可燃混合气

   C. 纯空气或可燃混合气

2. 对于高压缸内直喷系统，喷油系统的调压范围一般为（　　　）。

   A. $0.25\sim0.30$MPa

   B. $0.30\sim5$ MPa

   C. $0.40\sim15$ MPa

3. 在高压缸内直喷系统中，喷油器的电阻值一般较小，常温下电阻值约为（　　　）。

   A. $0.50\sim1.00\,\Omega$

   B. $1.25\sim1.75\,\Omega$

   C. $2.0\sim3.0\,\Omega$

4. 喷油器工作时，发动机控制模块首先给喷油器线圈提供（　　　）V的驱动电压，打开喷油器控制阀，然后利用12V的脉冲电压维持喷油器控制阀处于开启状态。

   A. 45

   B. 55

   C. 65

5. 对于燃油高压缸内直喷系统，喷油脉宽等于（　　　）。

   A. 驱动电压持续时间

   B. 维持电压持续时间

   C. 驱动电压和维持电压持续时间之和

二、实习报告

姓名		班级		实训日期	
训练项目题目					
主要实训内容记录					

（一）高压燃油供给装置主要数据流检测

1. 发动机转速

2. 低压供油装置压力

3. 所需燃油导轨压力

4. 燃油导轨压力

5. 喷油器占空比

（二）喷油器波形测试

1. 检测车辆及诊断仪型号

2. 示波器检测线路连接
   正表笔：＿＿＿＿＿＿＿＿＿；　　　负表笔：＿＿＿＿＿＿＿＿；
   横轴每格时间：＿＿＿＿＿/div；　　纵轴每格电压：＿＿＿＿＿＿＿/div。

3. 定格检测波形，在下表中画出对应波形图

4. 波形分析

实训中疑难点的记录（等待老师解决）	
教师评语	

学习任务三 燃油蒸气排放控制装置检测

一、知识巩固

（一）判断题

1. 增强型燃油蒸气排放控制装置满足国五排放标准要求。 （　　）
2. 发动机息速运转时，燃油蒸气吹洗电磁阀一般不会投入工作。 （　　）
3. 通风电磁阀安装在活性炭罐与外界大气连接的通道上，断电状态为阀门常开。 （　　）
4. 通过油箱压力传感器，增强型燃油蒸气排放控制装置强化了对燃油系统密封性的检测。 （　　）
5. 汽油容易蒸发，若蒸发的燃油蒸气排放到大气中，不但引起燃料浪费，同时也会造成环境污染。 （　　）

（二）选择题

1. 在燃油蒸气排放控制系统中，利用活性炭罐中的活性炭吸附燃油箱内蒸发的燃油蒸气，对此说法的判断为（　　　）。

    A. 正确　　　　　　　　B. 错误　　　　　　　　C. 无法确定

2. 对于增强型燃油蒸气排放控制系统，增设了压力传感器，其目的是（　　　）。

    A. 检测油箱内燃油的汽化状况

    B. 检测燃油系统的密封性能

    C. 检测活性炭罐内活性炭的工作状况

3. 只有氧传感器和三元催化装置进入正常工作状态，燃油蒸气吹洗电磁阀才能工作，对此说法的判断为（　　　）。

    A. 正确　　　　　　　　B. 错误　　　　　　　　C. 无法确定

4. 燃油蒸气吹洗电磁阀为占空比控制的线性电磁阀，用于控制流入进气歧管的燃油蒸气量，由电磁线圈、电磁阀和回位弹簧等组成，一般电磁线圈的电阻在（　　　）范围内。

    A. 2~6Ω

    B. 8~12Ω

    C. 18~24Ω

5. 对于增强型燃油蒸气排放控制系统，增设油箱压力传感器和通风电磁阀，其中通风电磁阀安装在（　　　）。

    A. 活性炭罐上

    B. 油箱顶端

    C. 进气歧管上

二、实习报告

姓名		班级		实训日期	
训练项目题目					
主要实训内容记录					

（一）燃油蒸气排放装置主要数据流检测

1. 发动机转速

2. 蒸气排放吹洗电磁阀指令

3. 燃油箱内剩余油量

（二）燃油蒸气排放装置波形测试

1. 检测车辆及诊断仪型号

2. 示波器检测线路连接
  正表笔：_____；　　　负表笔：_____；
  横轴每格时间：_____/div；　　纵轴每格电压：_____/div。

3. 定格检测波形，在下表中画出对应波形图

4. 波形分析

实训中疑难点的记录（等待老师解决）	
教师评语	

项目五 发动机排放系统故障诊断与排除

学习任务一 三元催化器及氧传感器检测

一、知识巩固

（一）判断题

1. 三元催化装置在标准混合气 14.7:1 附近转化效率最高。 （ ）

2. 前氧传感器和后氧传感器电压信号波动频率完全相等，说明三元催化
   装置转化效率很高。 （ ）

3. 只要发动机运转，氧传感器电压信号就能及时反馈至发动机电控单元。 （ ）

4. 发动机怠速运转时，若前氧传感器电压信号长时间波动次数小于
   30 次 /min，应属于氧传感器老化。 （ ）

5. 为满足现代内燃机高压稀薄分层燃烧需求，可采用宽带型前氧传感器。 （ ）

（二）选择题

1. 三元催化装置正常的工作温度为（ ）。
   A. 200~400℃   B. 400~800℃   C. 800~1000℃

2. 氧传感器加热装置正常的工作温度为（ ）。
   A. 250~300℃   B. 300~350℃   C. 350~400℃

3. 前氧传感器的作用是（ ）。
   A. 检测尾气中 CO_2 的含量
   B. 检测三元催化器前端尾气中含氧量
   C. 检测三元催化器的转化效率

4. 后氧传感器的作用是（ ）。
   A. 检测尾气中 CO_2 的含量
   B. 检测三元催化器前端尾气中含氧量
   C. 检测三元催化器的转化效率

5. 对于普通型氧传感器来说，前氧传感器和后氧传感器结构完全相同，对是否互
   换使用的判断为（ ）。
   A. 可以互换使用
   B. 不可以互换使用
   C. 不能确定

二、实习报告

姓名		班级		实训日期	
训练项目题目					

主要实训内容记录

（一）三元催化器及氧传感器主要数据流检测

1. 计算的催化器温度

2. 前氧传感器电压变化范围

3. 后氧传感器电压变化范围

4. 喷油器占空比

（二）前氧传感器波形测试

1. 检测车辆及诊断仪型号

2. 示波器检测线路连接

　正表笔：_____；　　　负表笔：_____；

　横轴每格时间：_____/div；　　纵轴每格电压：_____/div。

3. 定格检测波形，在下表中画出对应波形图

4. 波形分析

实训中疑难点的记录（等待老师解决）	
教师评语	

学习任务二　废气涡轮增压系统检测

一、知识巩固

（一）判断题

1. 涡轮增压器是利用发动机废气的剩余能量来压缩进入气缸的空气，提高充气效率，达到提升发动机功率的目的。（　　）

2. 当废气旁通阀完全打开时，所有的废气都经过涡轮，增压效果最强。（　　）

3. 车辆只要安装废气涡轮增压器，就必须增设进气冷却装置。（　　）

4. 当发动机高速运行、加速踏板突然抬起时，通过进气旁通阀调节进气通道的接通状态。（　　）

5. 发动机高速长时间运行停车前，应怠速运转几分钟后再熄火，让机油更多地带走涡轮增压器的热量，延长其使用寿命。（　　）

（二）选择题

1. 废气涡轮增压器利用旁通阀调节涡轮增压器的转速，当旁通阀（　　）时，废气全部经过涡轮叶片，涡轮转速高。
   A. 全部打开
   B. 全部关闭
   C. 开度为 50%

2. 当发动机高速运行，加速踏板突然抬起时，进气旁通阀接通进气道高压侧和低压侧之间的通道，使涡轮增压器保持（　　）。
   A. 高速空转
   B. 中速空转
   C. 低速空转

3. 对于双涡流增压器，为防止排气干扰，一般为（　　）。
   A. 1、2 缸单独使用一个涡流通道，3、4 缸单独使用一个涡流通道
   B. 1、3 缸单独使用一个涡流通道，2、4 缸单独使用一个涡流通道
   C. 1、4 缸单独使用一个涡流通道，2、3 缸单独使用一个涡流通道

4. 对于（　　）发动机，在设计上两侧可各用一个涡轮增压器，此时称为双涡轮式增压装置。
   A. 多缸直列式
   B. 多缸 V 型
   C. 直列式三缸

5. 对于废气涡轮增压装置，空气压缩后温度升高、体积膨胀，密度（　　），抵消了空气增压的效果。
   A. 不变　　　　　　B. 升高　　　　　　C. 降低

二、实习报告

姓名		班级		实训日期	
训练项目题目					

主要实训内容记录

（一）废气涡轮增压系统主要数据流检测

1. 涡轮增压废气阀 A 开启状态

2. 涡轮增压进气阀 B 开启状态

3. 期望的进气增压压力

4. 进气增压压力

（二）废气涡轮增压器进气旁通阀波形测试

1. 检测车辆及诊断仪型号

2. 示波器检测线路连接
   正表笔：_____；　　　负表笔：_____；
   横轴每格时间：_____/div；　　纵轴每格电压：_____/div。

3. 定格检测波形，在下表中画出对应波形图

4. 波形分析

实训中疑难点的记录（等待老师解决）	
教师评语	

学习任务三 颗粒捕集器检测

一、知识巩固

（一）判断题

1. 颗粒捕集器是为了满足国六标准排放需求而设定的。　　　　　（　　）

2. 当颗粒捕集器炭载量在 300%~500% 之间时，发动机故障指示灯将被点亮，提醒驾驶人 GPF 进入维修再生模式。　　　　　　　（　　）

3. 对于长期短距离、低速行驶的车辆，颗粒捕集器容易被炭颗粒堵塞。（　　）

4. 颗粒捕集器的维修再生场所要求通风状况良好，因此该项操作尽可能选择在室外进行。　　　　　　　　　　　　　　　　　（　　）

5. 颗粒捕集器安装在三元催化装置之前。　　　　　　　　　（　　）

（二）选择题

1. 炭颗粒捕集器用在（　　　）的车辆上。

A. 国四排放标准

B. 国五排放标准

C. 国六排放标准

2. 判断炭颗粒捕集器是否需要再生的元件是（　　　）。

A. 压差传感器

B. 前氧传感器

C. 后氧传感器

3. GPF 长时间使用后，积炭颗粒积存在微孔表面，其存储体积逐渐减小，使得发动机排气产生（　　　）（排气被压），从而影响发动机的动力性和燃油经济性。

A. 增压效应

B. 节流效应

C. 减压效应

4. 对于长期（　　　）的车辆，必须采用颗粒捕集器维修再生模式。

A. 长距离、高速行驶

B. 短距离、低速行驶

5. 当颗粒捕集器炭载量（　　　）时，需进行 GPF 的维修再生。

A. <300%

B. 300%~500%

C. ≥ 500%

二、实习报告

姓名		班级		实训日期	
训练项目题目					
主要实训内容记录					

（一）颗粒捕集器主要数据流检测

1. 颗粒滤清器炭载量估算值

2. 从颗粒滤清器压差传感器上计算出来的炭载量

3. 颗粒滤清器（GPF）进口压力

4. 颗粒滤清器（GPF）出口压力

5. 颗粒滤清器（GPF）指示灯状况

（二）根据颗粒捕集器的炭当量，进行颗粒捕集器再生作业

1. 颗粒捕集器维修再生条件

2. 车辆进行维修再生操作注意事项

3. 颗粒捕集器维修再生操作

实训中疑难点的记录（等待老师解决）	
教师评语	

项目六　车载网络通信系统故障诊断与排除

学习任务一　车载网络通信系统结构简介

一、知识巩固

（一）判断题

1. 为加强各电子控制模块间信息交换和共享，提高通信速率、减少通信线路和降低故障率，现代汽车广泛采用了车载网络通信系统。　　（　　）

2. CAN 总线数据传输终端为两个 120Ω 的电阻，其作用是防止数据在终端被反射回来，影响数据总线上传输信号的质量。　　（　　）

3. 在 OBD-Ⅱ诊断接口中，5# 端子为信号负极。　　（　　）

4. 在 LIN 通信系统中，从节点间可相互通信。　　（　　）

5. 在 LIN 通信系统中，主模块与从节点间的通信速率为 2~20kbit/s 之间。（　　）

（二）选择题

1. CAN 通信系统主要由各控制模块、数据通信总线、终端电阻和网关等组成，其中从 OBD-Ⅱ端测量值为（　　）左右。

   A. 30Ω　　　　　B. 60Ω　　　　　C. 120Ω

2. 在同一 CAN 总线网络系统中，各模块间的信息传输方式为（　　），均采用二进制（0 或 1）串行通信模式，信息传输的优先级由通信协议统一协调。

   A. 单向

   B. 双向

   C. 多向

3. 在 CAN 通信系统中，CAN-H 平均电压一般在 2.5~3.5V，CAN-L 平均电压一般在 1.5~2.5V，在两条线路上瞬时对地电压之和始终为（　　）左右。

   A. 5V　　　　　B. 6V　　　　　C. 7V

4. CAN 通信系统的信息传输速率标准为（　　）。

   A. 125kbit/s　　B. 500kbit/s　　C. 1Mbit/s

5. 在 LIN 通信系统中，主模块和从节点间的通信模式为（　　）。

   A. 单向　　　　　B. 双向　　　　　C. 多向

二、实习报告

姓名		班级		实训日期	
训练项目题目					
主要实训内容记录					

（一）车辆 OBD-Ⅱ诊断接口检测

　1. 4#、5# 端子

　2. 16# 端子

　3. 6# 端子

　4. 14# 端子

（二）利用示波器双通道功能，从 OBD-Ⅱ诊断接口进行波形测试

　1. 检测车辆及诊断仪型号

　2. 示波器检测线路连接

　　1）通道一：

　　　正表笔 1：_____；　　　负表笔 1：_____；

　　　横轴每格时间：_____/div；　　　纵轴每格电压：_____/div；

　　2）通道二：

　　　正表笔 2：_____；　　　负表笔 2：_____；

　　　横轴每格时间：_____/div；　　　纵轴每格电压：_____/div。

　3. 定格检测波形，在下表中画出对应波形图

　4. 波形分析

实训中疑难点的记录（等待老师解决）	
教师评语	

学习任务二 车载网络通信应用实例

一、知识巩固

（一）判断题

1. 高速 GMLAN 通信系统网络传输介质为双绞线，采用差分通信模式。（　　）

2. 低速 GMLAN 通信系统网络传输介质为单线，采用差分通信模式。（　　）

3. 通过网关可实现与其他网络通信系统的数据交换和信息共享。（　　）

4. LIN 网络是主从模块协议总线，常被用于车身电气系统中的控制指令、
信号反馈等信息的通信。（　　）

5. 以太网传输的最大特点是信息传输量大、传递速率快（可达 100Mbit/s）。
（　　）

（二）选择题

1. 在通用全新凯越网络通信系统中，底盘扩展 GMLAN 的通信速率为（　　）。

   A. 125kbit/s

   B. 500kbit/s

   C. 1Mbit/s

2. 在通用全新凯越网络通信系统中，低速 GMLAN 的通信速率为（　　）。

   A. 10kbit/s

   B. 33.33kbit/s

   C. 125kbit/s

3. 在通用全新凯越网络通信系统中，高速 GMLAN 的通信传递介质为（　　）。

   A. 金属单线

   B. 金属双绞线

   C. 光纤

4. 在通用全新凯越网络通信系统中，LIN 通信系统传递介质为（　　）。

   A. 金属单线

   B. 金属双绞线

   C. 光纤

5. 对于车载网络通信系统，以下说法正确的是（　　）。

   A. LIN 通信系统在诊断接口上设有与诊断仪相连接的通信端子

   B. LIN 通信系统主模块和从模块之间通信方式为双向的

   C. 因以太网传输速率快，常用于动力系统的网络通信传输

二、实习报告

姓名		班级		实训日期	
训练项目题目					

主要实训内容记录

（一）低速网络通信系统波形检测

1. 检测车辆及诊断仪型号

2. 示波器检测线路连接

　　正表笔：_____;　　　　负表笔：_____;

　　横轴每格时间：_____/div;　　　　纵轴每格电压：_____/div。

3. 定格检测波形，在下表中画出对应波形图

4. 波形分析

（二）LIN 网络通信系统波形检测

1. 检测车辆及诊断仪型号

2. 示波器检测线路连接

　　正表笔：_____;　　　　负表笔：_____;

　　横轴每格时间：_____/div;　　　　纵轴每格电压：_____/div。

3. 定格检测波形，在下表中画出对应波形图

4. 波形分析

实训中疑难点的记录（等待老师解决）	
教师评语	

学习任务三 车载网络通信系统检修

一、知识巩固

（一）判断题

1. 车载网络通信故障主要有不完全网络通信失效和完全网络通信失效两种类型。 （　　　）

2. 网络通信线路断路时，一定会引起网络通信完全失效故障。 （　　　）

3. 通过诊断接口测量 CAN-H 和 CAN-L 的波形，可以判断车载网络通信系统的工作状态。 （　　　）

4. 由于车载网络总线 CAN 为双线差分信号模式，具有较强的纠错能力，当 CAN-L 对搭铁短路和 CAN-H 对正极发生短路时，有些车型车载网络通信仍能通信。 （　　　）

（二）选择题

1. 不完全通信失效故障的原因不可能是（　　　）。

    A. 控制模块搭铁线损坏

    B. 控制模块电源线损坏

    C. 诊断接口无常电

2. 当车载网络系统发生不完全通信失效故障时，不可能的原因是（　　　）。

    A. CAN-H 与 CAN-L 互短

    B. CAN-L 对搭铁短路

    C. 某一模块通信线路断路

3. 车载网络通信系统发生完全通信失效故障时，最可能的原因是（　　　）。

    A. CAN-L 对搭铁短路

    B. CAN-H 对正极短路

    C. CAN-H 与 CAN-L 互短

4. 示波器测试网络通信波形正常，说明所有的模块工作均正常，对此说法的判断为（　　　）。

    A. 正确

    B. 不正确

    C. 不一定正确

二、实习报告

姓名		班级		实训日期	
训练项目题目					
主要实训内容记录					

（一）完全通信失效故障的万用表检测

1. OBD–Ⅱ接口 6# 端子检测

2. OBD–Ⅱ接口 14# 端子检测

3. 检测结果分析

（二）网络完全通信失效故障波形检测

1. 检测车辆及诊断仪型号

2. 示波器检测线路连接
    1）通道一：
        正表笔 1：_____；   负表笔 1：_____；
        横轴每格时间：_____/div；   纵轴每格电压：_____/div；
    2）通道二：
        正表笔 2：_____；   负表笔 2：_____；
        横轴每格时间：_____/div；   纵轴每格电压：_____/div。

3. 定格检测波形，在下表中画出对应波形图

4. 波形分析

实训中疑难点的记录（等待老师解决）	
教师评语	

"知识巩固" 参考答案

项目一　发动机故障诊断与排除基础

学习任务一　发动机故障诊断流程简介

（一）判断题：1-4：√；×；√；√；

（二）选择题：1-4：A. C. B. A.

学习任务二　汽车诊断及性能分析

（一）判断题：1-5：√；×；×；×；×；

（二）选择题：1-5：C. A. C. C. A.

学习任务三　示波器使用及性能分析

判断题：1-5：√；×；×；√；√；

项目二　发动机点火控制系统故障诊断与排除

学习任务一　曲轴位置传感器检测

（一）判断题：1-5：√；√；×；×；√；

（二）选择题：1-5：C. B. A. B. A.

学习任务二　凸轮轴位置传感器及可变正时执行器检测

（一）判断题：1-5：√；×；×；√；√；

（二）选择题：1-5：B. C. A. A. A.

学习任务三　点火控制系统检测

（一）判断题：1-5：×；√；√；×；√；

（二）选择题：1-5：A. B. C. C. A.

项目三　发动机进气系统故障诊断与排除

学习任务一　进气流量传感器总成检测

（一）判断题：1-5：×；×；×；√；×；

（二）选择题： 1-5：C. C. A. C. B.

学习任务二 进气歧管压力传感器检测

（一）判断题： 1-5：√；√；×；×；√；

（二）选择题： 1-5：B. A. C. A. B.

学习任务三 加速踏板及节气门位置传感器检测

（一）判断题： 1-5：√；√；×；√；√；

（二）选择题： 1-5：A. C. B. A. A.

学习任务四 节气门开度执行器检测

（一）判断题： 1-5：×；√；√；×；×；

（二）选择题： 1-5：B. B. B. A. C.

项目四 发动机燃油供给系统故障诊断与排除

学习任务一 低压燃油供给装置检测

（一）判断题： 1-5：×；√；√；×；×；

（二）选择题： 1-5：A. A. C. B. A.

学习任务二 高压燃油缸内直喷装置检测

（一）判断题： 1-5：√；×；×；√；√；

（二）选择题： 1-5：A. C. B. C. C.

学习任务三 燃油蒸气排放控制装置检测

（一）判断题： 1-5：×；√；√；√；√；

（二）选择题： 1-5：A. B. A. C. A.

项目五 发动机排放系统故障诊断与排除

学习任务一 三元催化器及氧传感器检测

（一）判断题： 1-5：√；×；×；×；√；

（二）选择题： 1-5：B. B. B. C. A.

学习任务二 废气涡轮增压系统检测

（一）判断题： 1-5：√；×；√；√；√；

（二）选择题： 1-5：B. A. C. B. C.

学习任务三　颗粒捕集器检测

（一）判断题：1-5：√；×；×；√；×；

（二）选择题：1-5：C. A. B. B. C.

项目六　车载网络通信系统故障诊断与排除

学习任务一　车载网络通信系统结构简介

（一）判断题：1-5：√；√；×；×；√；

（二）选择题：1-5：B. B. A. B. B.

学习任务二　车载网络通信应用实例

（一）判断题：1-5：√；×；√；√；√；

（二）选择题：1-5：B. B. B. A. B.

学习任务三　车载网络通信系统检修

（一）判断题：1-4：√；×；√；√；

（二）选择题：1-4：C. A. C. C.

2. 常规燃油蒸气排放控制系统的组成

该系统主要由油箱、活性炭罐和吹洗电磁阀等装置组合而成，如图4-3-2所示。当吹洗电磁阀打开时，炭罐中吸附在活性炭上的燃油蒸气成分，在压差（进气歧管内为负压）的作用下吸入进气歧管。

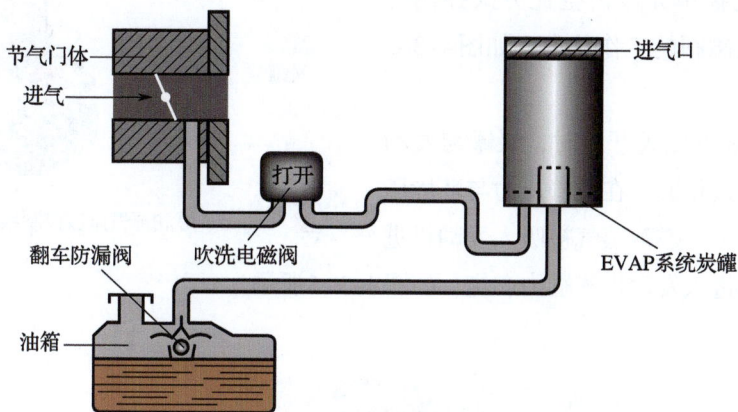

图4-3-2 常规燃油蒸气排放控制系统结构简图

（1）活性炭罐

炭罐内储存活性炭，用以吸附来自油箱内的燃油蒸气，它有两个通气接管（中间软管接油箱、另一软管接吹洗电磁阀，通气孔与环境大气连通），如图4-3-3所示。

（2）吹洗电磁阀

吹洗电磁阀为占空比控制的线性电磁阀，用于控制流向进气歧管的燃油蒸气通道，由电磁线圈、电磁阀和回位弹簧等组成，一般电磁线圈的电阻在18~24Ω范围内，通过占空比方式控制电磁线圈平均电流值的大小，实现吹洗阀开启程度的控制，如图4-3-4所示。

图4-3-3 活性炭罐

图4-3-4 吹洗电磁阀

3. 常规燃油蒸气排放控制系统工作原理

1）发动机稳定运行，同时满足冷却液达到正常工作温度、三元催化装置正常工作、前后氧传感器实现闭环控制等工作条件，发动机电控单元以占空比方式控制燃油蒸气吹洗电磁阀的工作状态，如图4-3-5所示。

2）当吹洗电磁阀开启时，炭罐与发动机进气歧管直接相通，在歧管压力与环境压力差值的作用下，燃油蒸气被吸入发动机进气歧管，最终进入发动机气缸内燃烧，如图4-3-6所示。

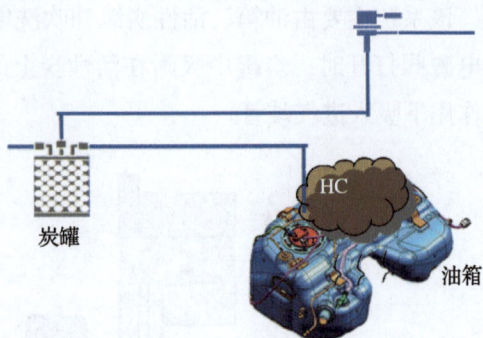

图4-3-5　燃油蒸气排放控制系统原理（1）

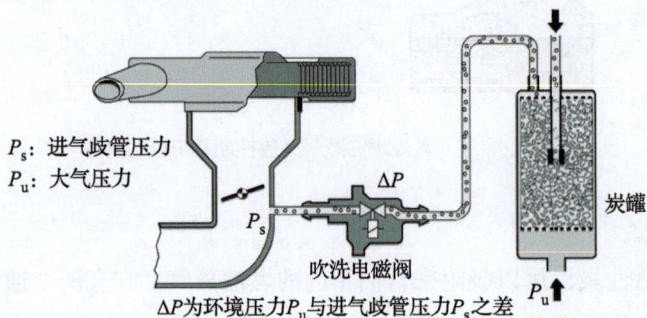

P_s：进气歧管压力
P_u：大气压力

ΔP为环境压力P_u与进气歧管压力P_s之差

图4-3-6　燃油蒸气排放控制系统原理（2）

注释：
①发动机怠速运行状况下，燃油蒸气吹洗电磁阀一般不会动作。
②只有氧传感器和三元催化装置进入正常工作状态，燃油蒸气吹洗电磁阀才能工作。

二、增强型燃油蒸发排放控制装置简介

对于国六排放标准的车型，在常规燃油蒸气排放控制装置的基础上，增加了油箱压力传感器和炭罐通风电磁阀，提升了对燃油系统蒸气泄漏状况的检测力度。

1. 增强型燃油蒸气排放控制装置功能简介

该装置增设了油箱压力传感器，用以检测油箱内燃油蒸气的压力，通风电磁阀取代了传统活性炭罐上的通气孔，通过该阀使外界新鲜空气进入炭罐，通风电磁阀的工作状态可以配合发动机电控单元，完成对燃油系统密封性的检测，如图4-3-7所示。

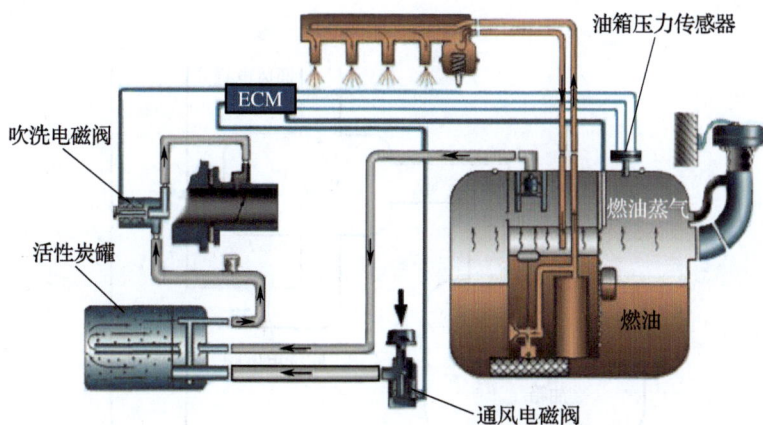

图4-3-7 增强型燃油蒸气排放控制系统组成示意图

2. 增强型燃油蒸气排放控制装置重要部件

该系统在传统燃油蒸气排放装置的基础上，增设了油箱压力传感器和通风电磁阀。

（1）油箱压力传感器

油箱压力传感器用于检测燃油箱内部的蒸气压力，为三线式压力传感器，常安装于油箱上方或燃油蒸气回收管道上，如图4-3-8所示。

（2）通风电磁阀

通风电磁阀安装在活性炭罐与外界大气相连的通道上，断电状态为常开（即炭罐与外界大气通风状态），通电状态为常闭，如图4-3-9所示。

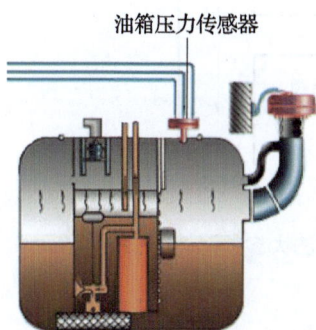

图4-3-8 安装在油箱顶端的油箱压力传感器

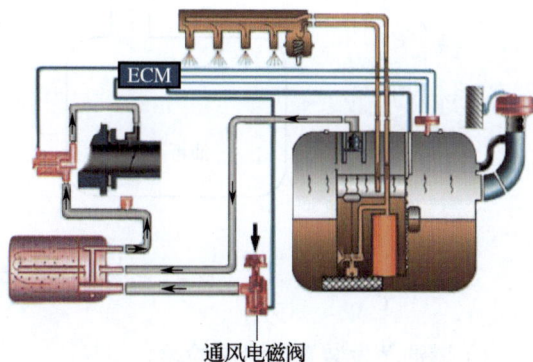

图4-3-9 通风电磁阀

3. 增强型燃油蒸气排放控制装置工作原理

1）活性炭吸收燃油箱蒸气状态。发动机未工作，吹洗电磁阀关闭，通风电磁阀断电打开（与外界大气连通状态），油箱内的燃油蒸气被活性炭罐内的活性炭吸收，如图4-3-10所示。

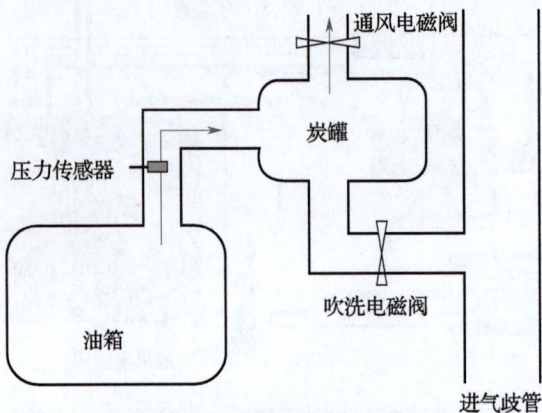

图4-3-10　活性炭吸收燃油箱蒸气状态

2）炭罐内燃油蒸气被吹洗状态。发动机正常工作，若满足吹洗电磁阀工作的条件，吹洗电磁阀打开，通风电磁阀断电常开（与外界大气连通状态），燃油箱内的燃油蒸气和储存在炭罐内的活性炭上的HC经吹洗电磁阀吸入进气歧管，最终进入发动机气缸内燃烧，如图4-3-11所示。

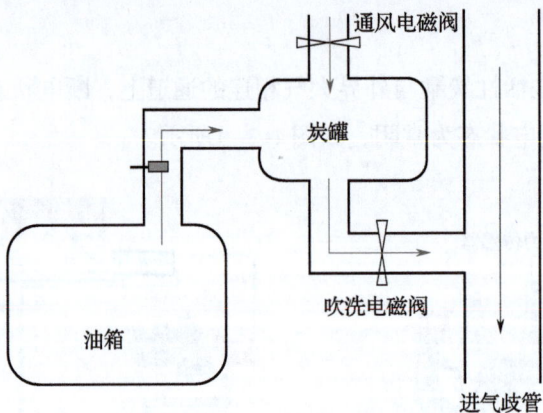

图4-3-11　炭罐内燃油蒸气被吹洗状态

3）燃油蒸发装置的泄漏检验。

①工作状态1：发动机运行时，发动机电控单元定期检查燃油蒸发系统的密封性能，吹洗电磁阀通电打开，通风电磁阀通电断开（与外界大气不通状态），由于进气歧管存在真空，此时安装在油箱上方的压力传感器会检测到蒸发系统为负压状态，如果没有检测到负压，则表明蒸发系统存在较为严重的泄漏，如图4-3-12所示。

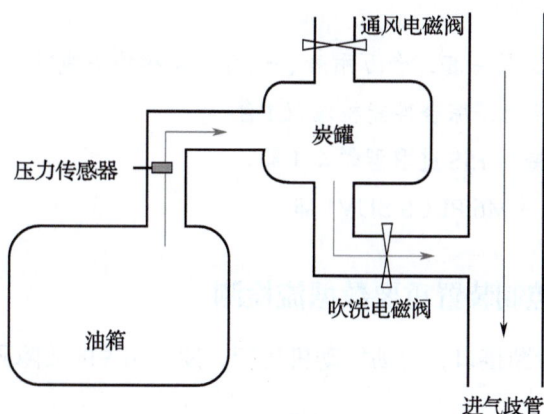

图 4-3-12　燃油蒸发系统泄漏检验状态（1）

②工作状态2：当油箱内设定的负压达到后，吹洗电磁阀断电关闭，通风电磁阀通电断开，此时燃油蒸发系统在一定时间内为负压状态，安装在油箱上方的压力传感器会检测蒸发系统的压力，发动机电控单元将依据蒸发系统内压力变化（真空度衰退）的速度，判定蒸发系统是否存在泄漏及泄漏的程度，如图4-3-13所示。

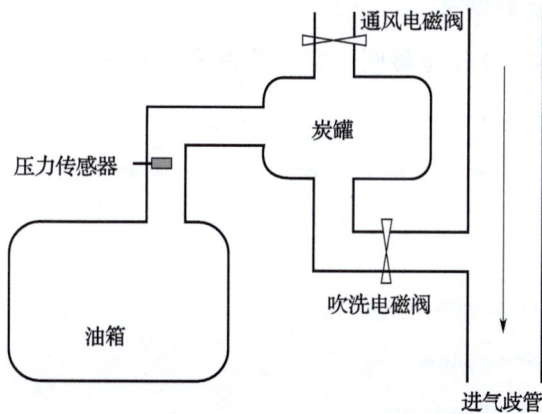

图 4-3-13　燃油蒸发系统泄漏检验状态（2）

任务实施　燃油蒸气排放控制装置检测

场所要求

1）场所设施（供电、通风等）符合安全作业标准，场地面积在60m²以上。

2）采光条件（大于500lx）满足一体化教学需求。

3）能够满足30人左右的班级分组学习需求。

项目准备

1）汽车维修通用工具一套，含万用表、试灯、跨接检测线等。

2）四通道示波器1台，综合性能检测仪1台。

3）上汽通用别克威朗15S进取型轿车1部。

4）长城哈弗2021款M6 PLUS SUV1部。

一、燃油蒸气排放控制装置重要数据流检测

诊断仪连接车辆诊断接口，起动发动机运行，读取相关的故障码和数据流。

1. 检测车辆及诊断仪信息

1）检测车辆：上汽通用别克威朗15S，发动机型号为L3G。

2）诊断仪型号：博世720。

2. 读取相关故障码信息

故障码：□有　□无；故障码记录：

3. 读取相关的主要数据流

读取与发动机转速、吹洗电磁阀占空比等相关的主要数据流，相关动态数据截屏如图4-3-14所示。

排序	名称	结果	单位
	蒸发排放吹洗电磁阀指令	8.24	%
	蒸发排放吹洗电磁阀控制电路电压过低测试状态	正常	
	蒸发排放吹洗电磁阀控制电路开路测试状态	正常	
	蒸发排放吹洗电磁阀控制电路电压过高测试状态	正常	
	燃油箱内的剩余燃油	68.24	%
	发动机转速	685.50	RPM

图4-3-14　燃油蒸气排放控制系统主要数据流

①蒸气排放吹洗电磁阀指令为8.24%。

②燃油箱内剩余油量为68.24%。

③发动机转速为685r/min。

结论：燃油蒸气排放控制装置工作状况正常。

二、燃油蒸气吹洗电磁阀波形检测

1.示波器检测线路连接

示波器"（＋）表笔"连接吹洗电磁阀端子Q12/2，"（－）表笔"连接发动机舱内搭铁点，如图4-3-15所示。

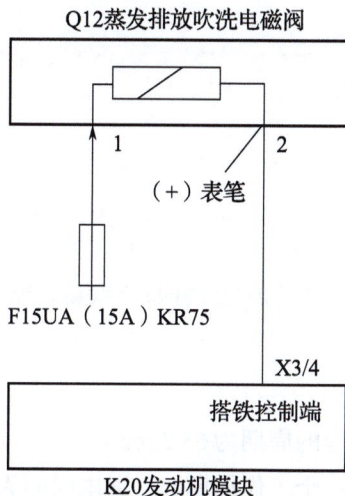

图4-3-15 燃油蒸气吹洗电磁阀波形测试连接示意图

2.示波器检测波形图

示波器波形图横轴每格时间为25ms/div，纵轴每格电压为20V/div，燃油蒸气吹洗电磁阀波形如图4-3-16、图4-3-17所示。

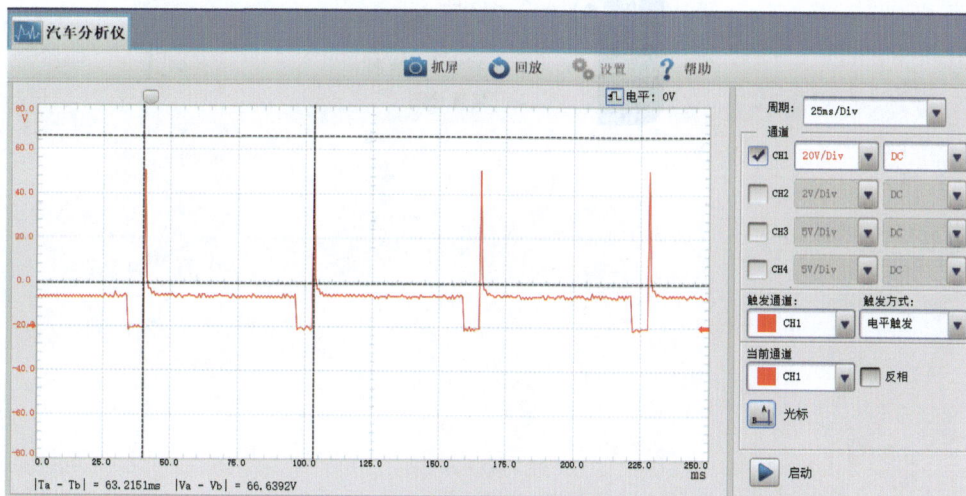

图4-3-16 燃油蒸气吹洗电磁阀波形图（1）

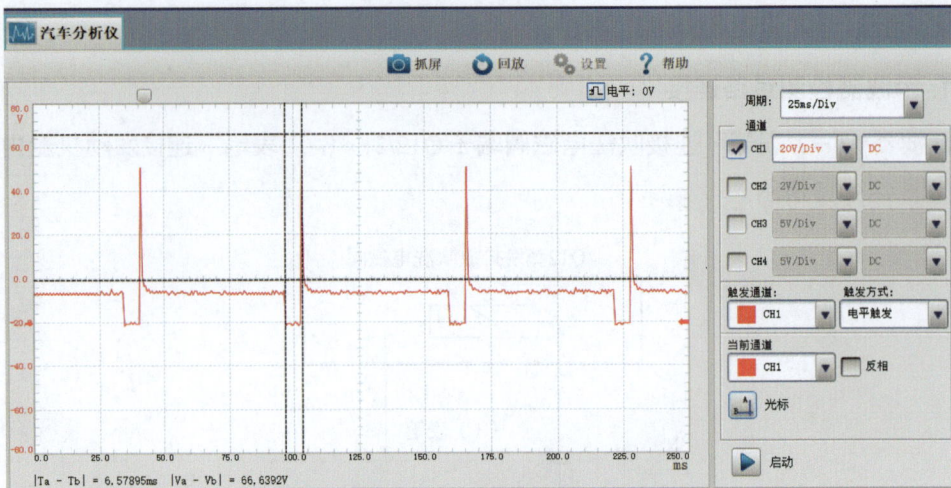

图 4-3-17　燃油蒸气吹洗电磁阀波形图（2）

3. 波形分析

①燃油蒸气吹洗电磁阀工作的周期为63.22ms。

②燃油蒸气吹洗电磁阀在一个工作周期内，通电时间为6.58ms。

③此时燃油蒸气吹洗电磁阀脉冲电流的占空比为10.41%。

结论： 燃油蒸气吹洗电磁阀工作状况正常。

扫二维码观看微课

燃油蒸气排放控制
装置检测

项目五 发动机排放系统故障诊断与排除

项目描述

发动机的燃油燃烧后生成二氧化碳（CO_2）和水（H_2O），同时伴随产生少量的碳氢（CH）、一氧化碳（CO）和氮氧化合物（NO_x）等有害气体。随着尾气排放标准的提升，强化了对有害气体的控制，尾气排放系统加装了三元催化器、氧传感器和炭颗粒捕集器等装置，确保尾气排放满足严苛的国六排放标准要求。

为了提升发动机动力输出性能，降低燃油消耗，满足国六排放标准需求，有些发动机增设了废气涡轮增压装置，利用发动机尾气的动能驱动涡轮增压器运行，对进入气缸的空气加压，极大地改善了发动机的工作性能。

本单元通过对排放系统数据流和波形的分析，找到了引起发动机排放系统工作不良的主要原因，提高了维修作业人员分析问题、解决问题的能力，对发动机排放系统工作不良故障有了更为全面的认识。

学习任务一 三元催化器及氧传感器检测

知识目标

1. 了解三元催化器对汽车尾气排放净化的相关知识点。
2. 了解氧传感器对汽车尾气排放净化的相关知识点。

技能目标

1. 会用诊断仪和示波器对三元催化器性能进行检测。
2. 会用诊断仪和示波器对氧传感器性能进行检测。
3. 会用万用表对发动机排放系统相关线路和元件进行基本检测。

素养目标

1. 培育学生团队意识、协作精神、责任意识和爱岗敬业精神。

2.培育学生安全意识的形成，营造良好的工作、学习环境。

3.培育学生积极思考、主动学习的能力。

4.增强学生完成工作任务的执行力，培养对社会和企业的责任感。

知识储备 三元催化器及氧传感器

一、三元催化器简介

1.三元催化器功能简介

三元催化器安装在临近排气歧管出口的排气通道上，如图5-1-1所示，内部孔道设计成蜂巢状，极大地增加了与尾气接触的面积。三元催化器本体主要含氧化铈和贵金属（铂、铑、钯）两种成分，其中氧化铈是储存和释放氧的容器，用于氧化浓混合气内的CO和HC，贵金属（铂、铑、钯）是促进氧化和还原反应的催化剂，对尾气中的CO、HC、NO_x等有害气体进行净化，生成无害的CO_2、H_2O和N_2等气体，如图5-1-2所示。

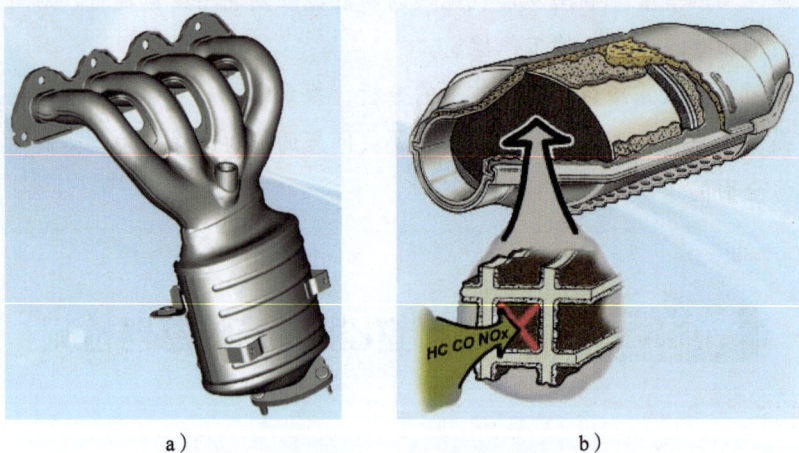

a)   b)

图 5-1-1 三元催化器结构简图

a）三元催化器外观示意图 b）三元催化器内部本体示意图

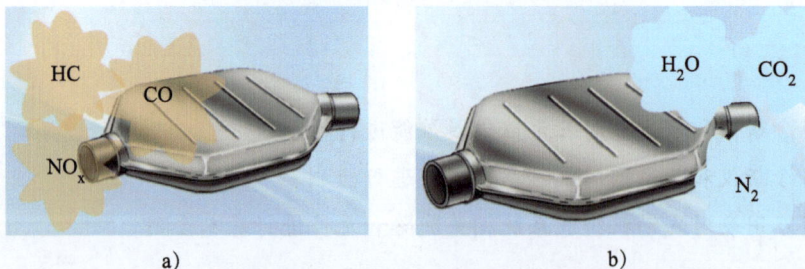

a)   b)

图 5-1-2 三元催化器工作示意图

a）三元催化器前端进入的有害气体 b）三元催化器后端排出的无害气体

2. 三元催化器的工作原理

当废气通过催化器本体的蜂巢状孔道时，CO和HC就会在催化剂铂与钯的作用下，与废气中的O_2发生反应，生成H_2O和CO_2，NO_x则在催化剂铑的作用下被还原成无害的O_2和N_2，如图5-1-3所示。

3. 三元催化器的工作特性

1）三元催化器本体正常工作温度需在400~800℃之间，靠尾气中的残余热量加热。

2）三元催化器转化效率在标准可燃混合气附近最高，如图5-1-4所示，因此发动机控制单元在各工况下尽量满足标准混合气需求，确保尾气排放处于良好的状态。

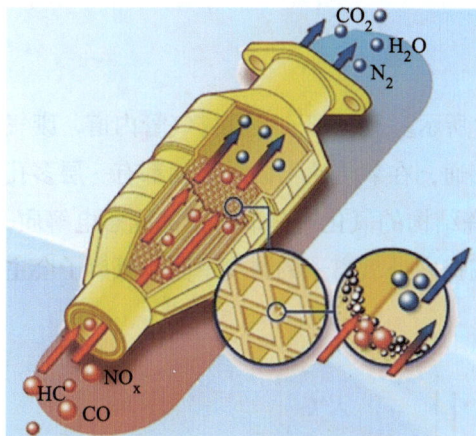

图 5-1-3 三元催化器的工作原理

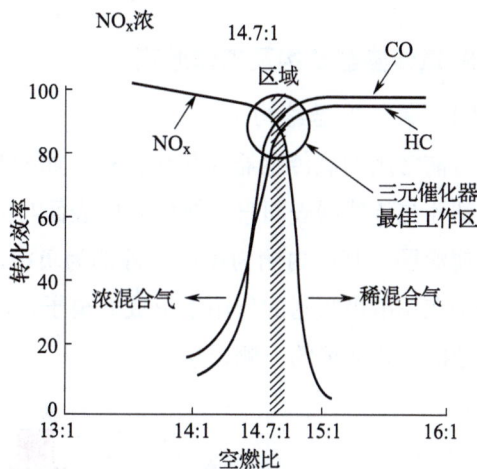

图 5-1-4 三元催化器转化效率与混合气浓度关系示意图

二、氧传感器

氧传感器安装在排气管道上，位于三元催化器的前、后端，有前氧传感器和后氧传感器之分，如图5-1-5所示。

图 5-1-5 氧传感器安装位置示意图

1. 氧传感器功能简介

氧传感器工作时，能够检测尾气中的含氧量，产生随含氧量浓度变化的电压信号，混合气浓时电压信号高，混合气稀时电压信号低。普通氧传感器电压值在0~1.0V之间变化，此信号传给发动机控制单元后，形成闭环反馈信号，以调节喷油修正量，使混合气浓度向标准混合气靠拢，提升了三元催化器的转化效率，如图5-1-6所示。

图 5-1-6　氧传感器

2. 氧传感器结构及工作原理

（1）氧传感器结构

目前常用的氧传感器为氧化锆式，如图5-1-7所示。其头部安装到排气管内道，废气通过圆孔与传感器表面直接接触，内表面与大气相通，在氧传感器内外表面都有一层多孔铂金属涂层，其中内侧为正极、外侧为负极。陶瓷结构的氧化锆是氧离子的固态电解质，氧分子在铂电极吸附的作用下形成氧离子，由于陶瓷内外氧离子的浓度不同，氧离子会主动从浓的一侧向稀的一侧迁移扩散。

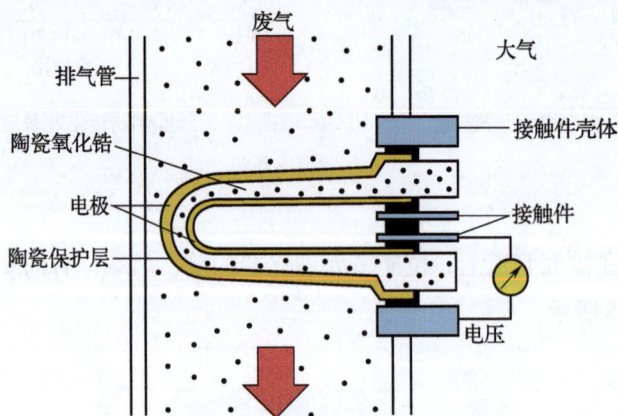

图 5-1-7　氧化锆式氧传感器结构示意图

（2）氧传感器的工作原理

氧化锆型氧传感器类似一个微型电池，当氧离子在传感器的内外表面扩散迁移时，就形成了电势差（电压差）。由于大气中氧浓度是几乎不变的，所以电压值会准确地反映出废气中氧的浓度。氧传感器产生的信号电压与大气中氧含量（21%）和排气系统中氧含量的差值成正比，工作原理如图5-1-8所示。

3. 氧传感器工作特性

1）氧传感器正常工作温度在300~350℃，靠发动机尾气中的残余热量加热。

2）为使氧传感器尽快投入工作，氧传感器设有自动控制的加热装置，以便冷车起动时尽快提高氧传感器温度，使其尽早投入工作。氧传感器加热装置是通过发动机电控单元以占空比模式进行调节控制的。

3）前氧传感器电压信号控制燃油喷射修正量，后氧传感器检测三元催化器的转化效率（工作状态）。

4）在发动机怠速运行时，若前氧传感器电压信号波动次数小于20次/min，则氧传感器老化，灵敏度降低，电控单元很难快速准确地调节空燃比，如图5-1-9所示。

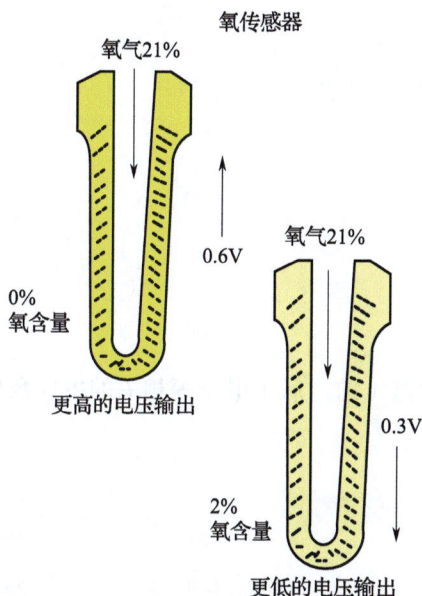

图 5-1-8　氧传感器工作原理

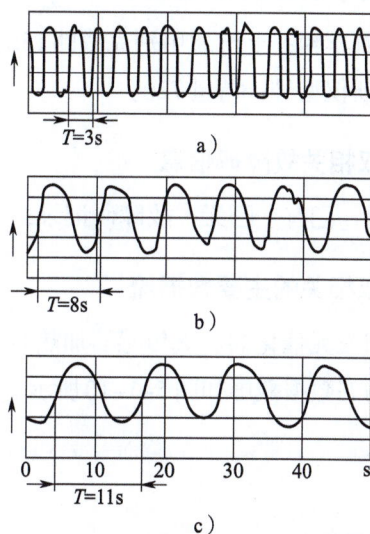

图 5-1-9　氧传感器老化波形对照示意图

a）新传感器　b）开始老化的传感器　c）已老化的传感器

5）现有普通型氧传感器（氧化锆式、氧化钛式）和宽带型氧传感器两种类型。

任务实施　三元催化器及氧传感器检测

场所要求

1）场所设施（供电、通风等）符合安全作业标准，场地面积在60m² 以上。

2）采光条件（大于500lx）满足一体化教学需求。

3）能够满足30人左右的班级分组学习需求。

项目准备

1）汽车维修通用工具一套，含万用表、试灯、跨接检测线等。

2）四通道示波器1台，综合性能检测仪1台。

3）上汽通用别克威朗15S进取型轿车1部。

4）长城哈弗2021款M6 PLUS SUV1部。

一、三元催化器和氧传感器重要数据流检测

诊断仪连接车辆诊断接口，起动发动机运行至正常温度，读取相关的故障码和数据流。

1. 检测车辆及诊断仪信息

1）检测车辆：上汽通用别克威朗15S，发动机型号为L3G。

2）诊断仪型号：博世720。

2. 读取相关故障码信息

故障码：□有　□无；故障码记录：

3. 读取相关的主要数据流

读取与三元催化器、氧传感器加热装置、氧传感器（前、后）电压等相关的主要数据流，相关动态数据截屏如图5-1-10所示。

排序	名称	结果	单位
	计算的催化剂温度	☑ 455.00	degC
	加热型氧传感器1	☑ 0.76	V
	加热型氧传感器2	☑ 0.65	V
	短期燃油修正	☑ -5.47	%
	长期燃油修正	☑ -3.13	%
	喷油器占空比	☑ 1.22	ms

通用(V1.0) › (H)2017 › (4)别 克 › Verano(威朗) › 发动机控制模块 › 1.5L L3G › 自动 › 读取数据流 › 排气后处理数据

图 5-1-10　氧传感器及三元催化器主要数据流

①计算的催化剂温度为455℃。

②前氧传感器电压变化范围为0.1~0.9V。

③后氧传感器电压变化范围为0.6~0.7V。

结论：三元催化器、前氧传感器、后氧传感器工作性能正常。

二、氧传感器加热装置波形检测

1. 示波器检测线路连接

示波器"（+）表笔"连接加热型氧传感器端子B52A/1，"（–）表笔"连接发动机舱搭铁端子，如图5-1-11所示。

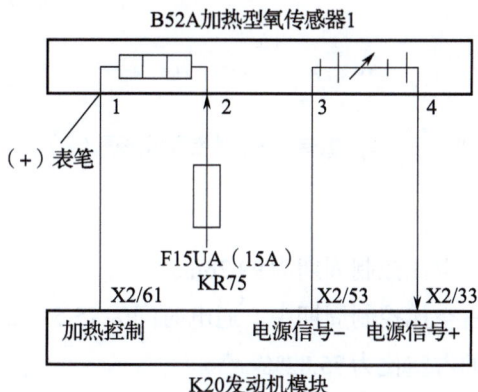

图 5-1-11　氧传感器加热装置波形测试连接示意图

2. 示波器检测波形图

示波器波形图横轴每格时间为25ms/div，纵轴每格电压为5V/div，氧传感器加热装置波形如图5-1-12、图5-1-13所示。

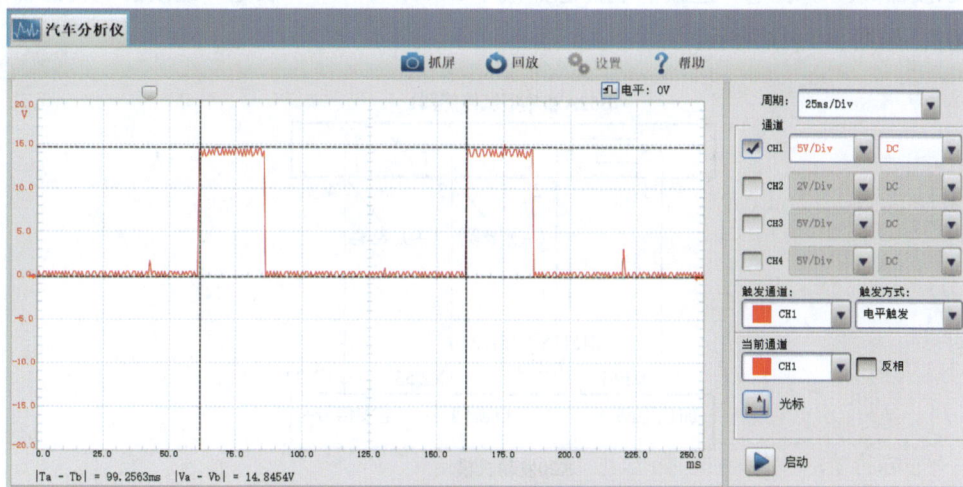

图 5-1-12　氧传感器加热装置波形图（1）

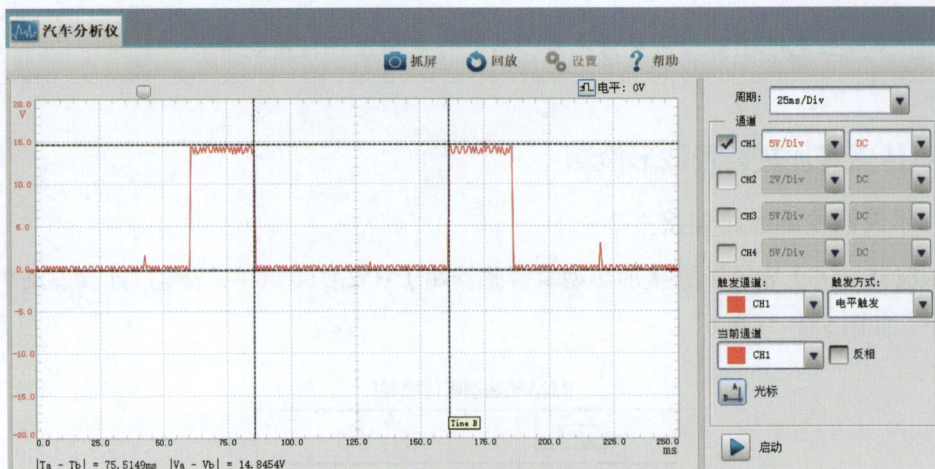

图 5-1-13　氧传感器加热装置波形图（2）

3. 波形分析

①氧传感器加热装置占空比控制周期为99.26ms。

②氧传感器加热装置占空比控制周期中，通电时间为75.51ms。

③氧传感器加热装置的占空比为75.82%。

结论：氧传感器加热装置工作性能正常。

三、前氧传感器电压信号波形检测

1. 示波器检测线路连接

示波器"（+）表笔"连接前氧传感器端子B52A/4，"（-）表笔"连接前氧传感器端子B52A/3，如图5-1-14所示。

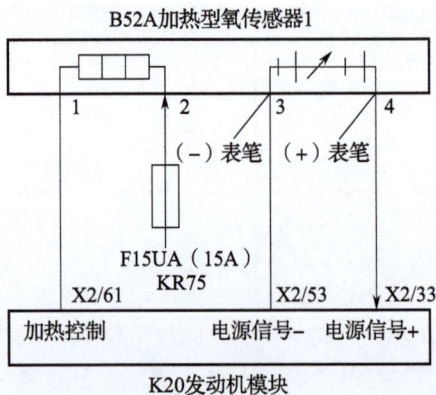

图 5-1-14　前氧传感器电压信号波形测试连接示意图

2. 示波器检测波形图

示波器波形图横轴每格时间为1s/div，纵轴每格电压为500mV/div，前氧传感器电压信号波形如图5-1-15、图5-1-16所示。

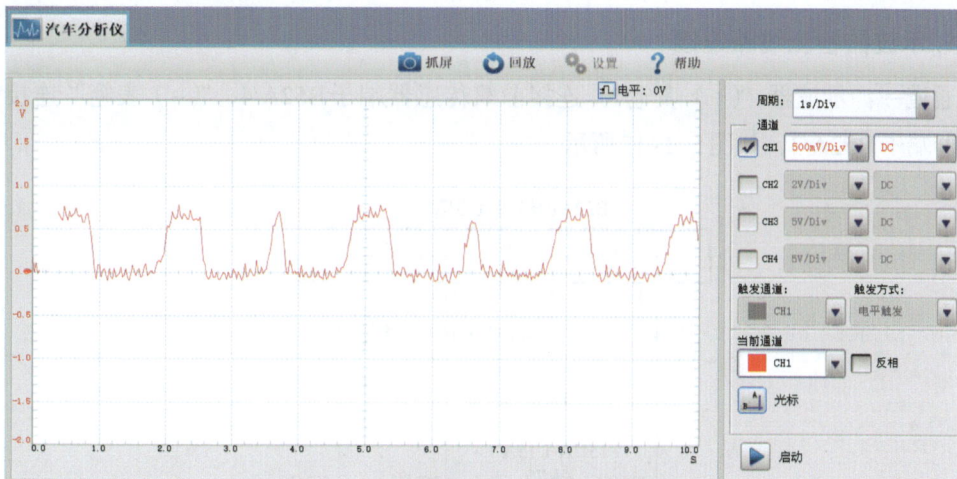

图 5-1-15 前氧传感器电压信号波形（1）

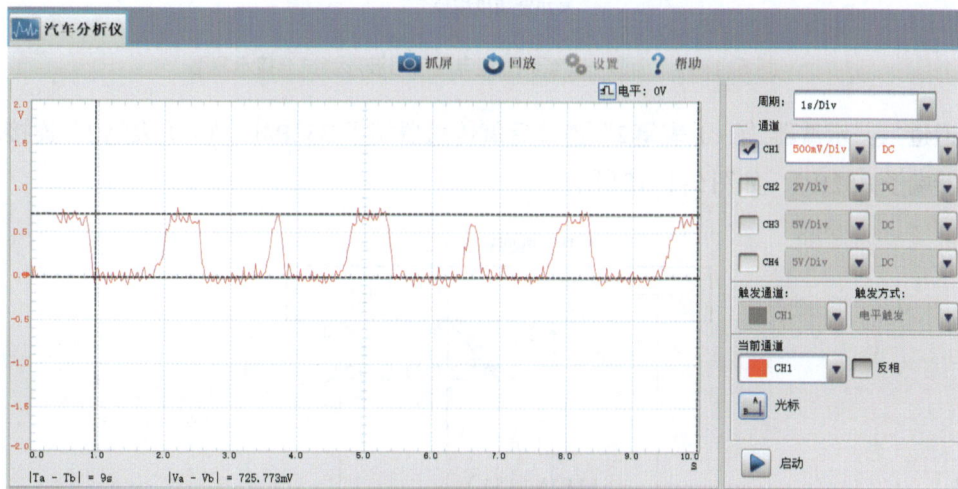

图 5-1-16 前氧传感器电压信号波形（2）

3. 波形分析

①前氧传感器电压信号最小值为0.0V，电压信号最大值为0.8V。

②发动机怠速运转时，前氧传感器1min内变化了36次。

结论：前氧传感器电压信号在0.0~0.8V之间变化，每分钟波动36次，前氧传感器工作性能正常。

四、前、后氧传感器电压信号波形检测

利用示波器双通道功能，测量前氧传感器和后氧传感器电压信号波形，通道一记录前氧传感器电压波形，通道二记录后氧传感器电压波形，并根据波形图判断其工作性能。

1. 示波器检测线路连接

通道一：示波器"（+）表笔1"连接前氧传感器端子B52A/4，"（-）表笔"连接前氧传感器端子B52A/3，如图5-1-17所示。

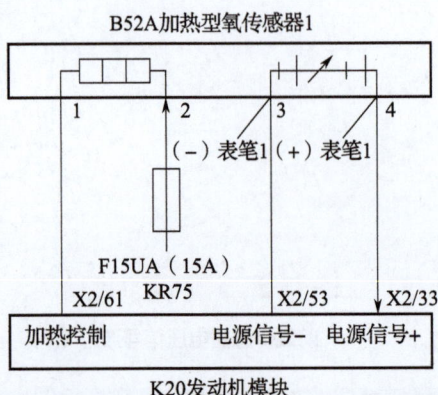

图 5-1-17　通道一前氧传感器电压信号波形测试连接示意图

通道二：示波器"（+）表笔2"连接后氧传感器端子B52B/4，"（-）表笔2"连接后氧传感器端子B52B/3，如图5-1-18所示。

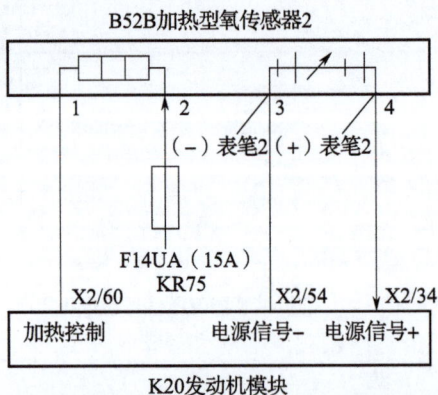

图 5-1-18　通道二后氧传感器电压信号波形测试连接示意图

2. 示波器检测波形图

示波器波形图横轴每格时间为1s/div，纵轴每格电压为500mV/div，前、后氧传感器

电压信号波形如图5-1-19、图5-1-20所示。

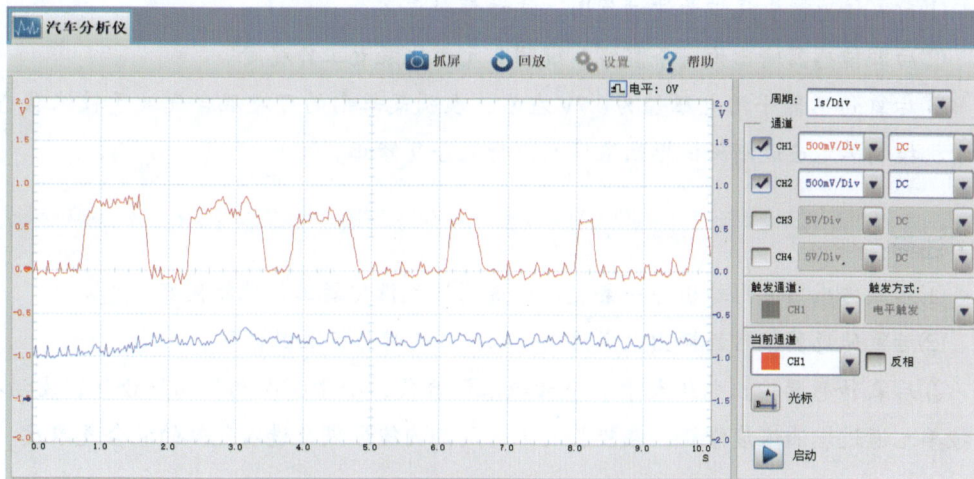

图 5-1-19　前、后氧传感器电压信号波形图（1）

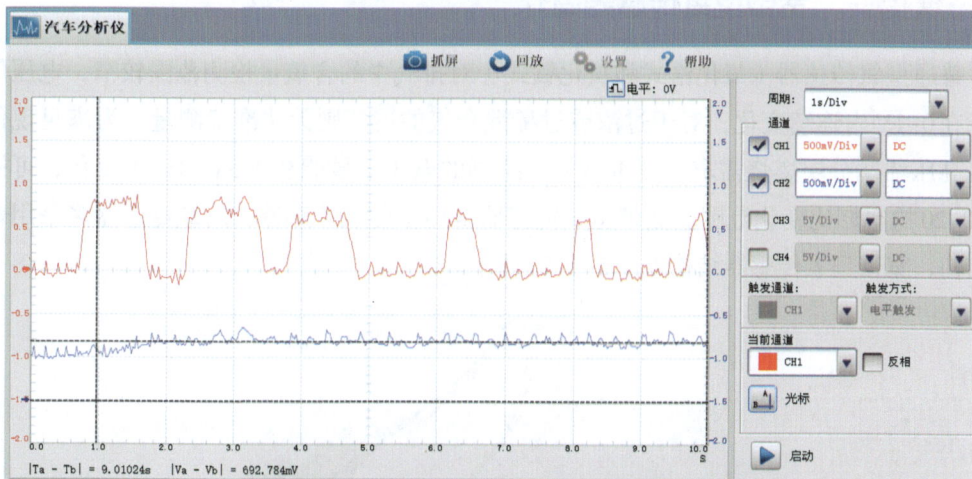

图 5-1-20　前、后氧传感器电压信号波形图（2）

3. 波形分析

1）通道一：

①前氧传感器电压信号最小值为0.1V，电压信号最大值为0.9V。

②发动机怠速运转时，前氧传感器1min之内变化了36次。

2）通道二：

①后氧传感器电压信号在0.7V左右波动。

②后氧传感器波形基本是一条直线。

结论：

①前氧传感器电压信号波动范围、波动频率正常。

②后氧传感器输出为一条直线，说明三元催化装置工作稳定。

③后氧传感器平均电压值为0.7V左右，表明气缸内的可燃混合气处于较浓状态，发动机控制单元应逐渐降低燃油浓度，进行混合气修正。

注释：

①后氧传感器波形输出为一条直线，说明三元催化器工作性能良好。

②后氧传感器正常的输出电压为0.5~0.6V，此时为标准混合气。

③后氧传感器输出电压大于0.6V为较浓混合气，小于0.5V为较稀混合气，发动机电控单元通过燃油浓度修正，在较长的工作周期内缓慢调节进入气缸的混合气浓度。

拓展提升　宽带型氧传感器简介

普通型氧传感器（氧化锆式和氧化钛式）对排气中的含氧量检测范围较窄，电压信号仅能在0~1V内连续变化，对于过浓或过稀混合气的尾气则无法准确测量。为满足现代内燃机高压稀薄分层燃烧需求，宽带型氧传感器的电压信号能在0~5V内连续变化，可检测到10~20的空燃比变化范围。宽带型氧传感器常用于前氧传感器，后氧传感器多采用普通型结构，宽带型氧传感器结构如图5-1-21所示。

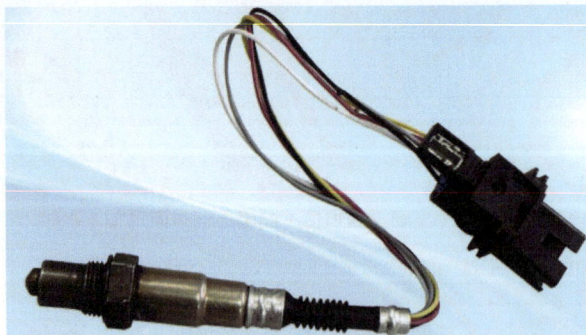

图5-1-21　宽带型氧传感器

扫二维码观看微课

三元催化器及氧传感器检测

学习任务二 废气涡轮增压系统检测

知识目标

1. 了解进气增压系统作用和基本类型的相关知识点。
2. 了解废气涡轮增压系统对汽车动力性和尾气排放净化的相关知识点。

技能目标

1. 会用诊断仪和示波器对废气涡轮增压系统性能进行检测。
2. 会用万用表对发动机排放系统相关线路和元件进行基本检测。

素养目标

1. 培育学生团队意识、协作精神、责任意识和爱岗敬业精神。
2. 培育学生安全意识的形成，营造良好的工作、学习环境。
3. 培育学生积极思考、主动学习的能力。
4. 增强学生完成工作任务的执行力，培养对社会和企业的责任感。

知识储备 废气涡轮增压系统

一、废气涡轮增压系统

1.废气涡轮增压系统功能简介

该系统利用发动机废气的剩余能量来压缩进入气缸的空气，提高充气效率，从而实现提升发动机功率的目的，如图5-2-1所示。

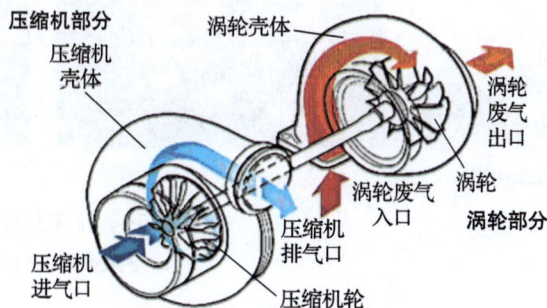

图 5-2-1 废气涡轮增压装置结构示意图

废气涡轮增压装置最早应用在柴油发动机上，其后为了改善汽油发动机工作性能，提高动力性和输出转矩，降低燃油消耗及排放污染，在部分汽油机上使用了进气增压系统。

2. 涡轮增压系统的基本组成

涡轮增压系统由涡轮增压器总成（含排气旁通电磁阀、进气旁通电磁阀）、中冷器和进排气管道等组成，如图 5-2-2 所示。

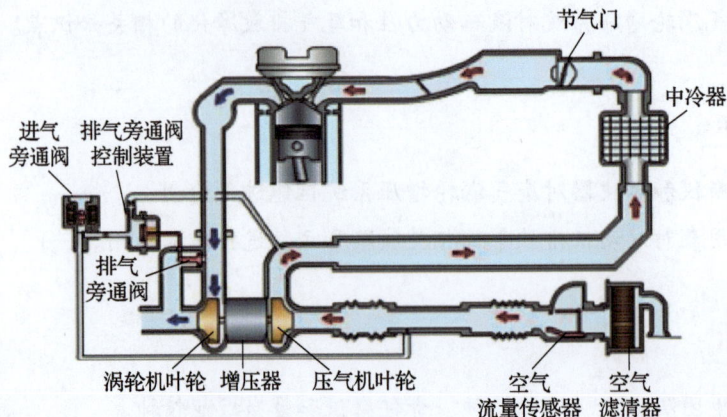

图 5-2-2　涡轮增压系统组成示意图

（1）涡轮增压器总成

涡轮增压器总成由涡轮壳体、泵轮壳体、涡轮、泵轮等主要元件组成，如图 5-2-3 所示。

①涡轮壳体及涡轮如图 5-2-4 所示。高温、高压的废气流过壳体通道，驱动内部涡轮旋转。

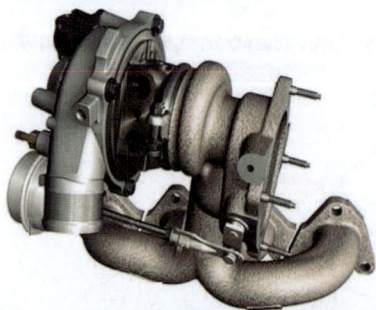

图 5-2-3　涡轮增压器总成

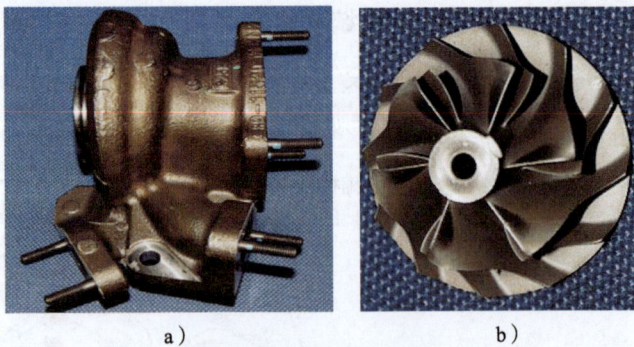

a）　　　　　　　　　　b）

图 5-2-4　涡轮壳体及涡轮
a）涡轮壳体　b）涡轮

②泵轮壳体及泵轮如图 5-2-5 所示。空气通过泵轮壳体通道后，被压缩成高压气体。

③排气旁通阀如图 5-2-6 所示。

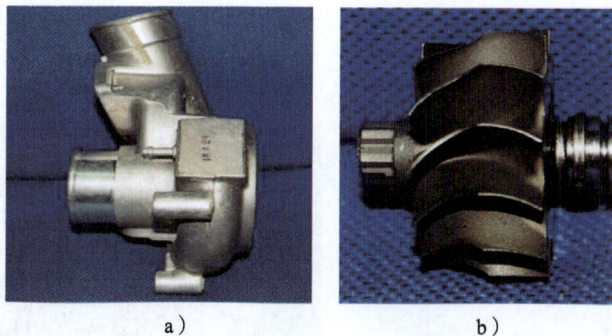

图 5-2-5 泵轮壳体及泵轮

a）泵轮壳体 b）泵轮

- 排气旁通阀打开，废气通过旁通阀被泄放，涡轮转速低。
- 排气旁通阀关闭，废气全部经过涡轮叶片，涡轮转速高。

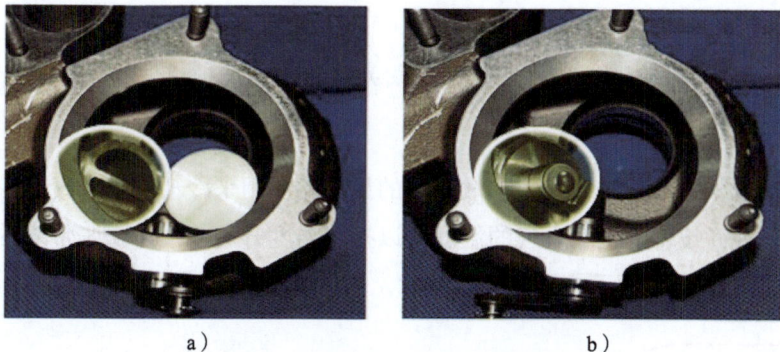

图 5-2-6 涡轮增压器排气旁通阀

a）排气旁通阀打开状态 b）排气旁通阀关闭状态

④排气旁通阀执行器如图 5-2-7 所示。排气旁通阀执行器用以打开或关闭排气旁通阀。

⑤排气旁通电磁阀如图 5-2-8 所示，用于控制排气旁通阀打开的时间和开启力度，使增压压力调整更加平顺，以适应发动机的不同工况需求。

图 5-2-7 排气旁通阀执行器

图 5-2-8 排气旁通电磁阀

⑥进气旁通阀执行器如图5-2-9所示，一般为真空驱动方式，用以打开或关闭进气旁通阀，并控制旁通阀的开启力度。

图5-2-9　进气旁通阀执行器

⑦进气旁通阀电磁阀/执行器如图5-2-10所示。

- 电磁阀与执行器集成于一体。
- 电磁阀直接驱动执行器，用于打开或关闭进气旁通通道。

（2）废气涡轮增压中冷器

废气涡轮增压中冷器一般安装在散热器的最前端，用来冷却经过废气涡轮增压后的空气，降低进入进气歧管内压缩空气的温度，以抵消温度升高、气体膨胀带来的增压效果减弱的影响，如图5-2-11所示。

图5-2-10　进气旁通阀电磁阀/执行器

图5-2-11　废气涡轮增压中冷器

二、废气涡轮增压器类型和冷却方式

1. 废气涡轮增压器主要类型

废气涡轮增压器主要有两种类型，分别为双涡流增压器和双涡轮增压器。

1）双涡流增压器。双涡流增压器如图5-2-12所示，为防止发动机排气干扰，1、4缸单独使用一个涡流通道，2、3缸单独使用一个涡流通道。

图 5-2-12　双涡流增压器结构示意图

2）双涡轮增压器。双涡轮增压器如图5-2-13所示，用于"V"型结构的发动机上，两侧气缸各配备一个涡轮增压器。

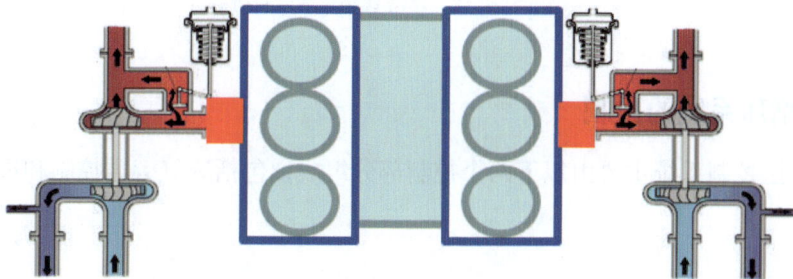

图 5-2-13　双涡轮增压器结构示意图

2. 涡轮增压系统的冷却方式

空气经压缩后温度会升高、气体膨胀，导致空气密度变低，抵消了增压效果，为此设有风冷式和水冷式两种类型的涡轮增压系统冷却方式，对进入气缸的空气进行降温，以提升增压效果。

1）风冷式涡轮增压冷却系统。风冷式涡轮增压冷却系统如图5-2-14所示，中冷散热器安装在车辆前端，与冷凝器、冷却液散热器和自动变速器油液散热器并排在一起，利用空气的流动实现热量的散失。

2）水冷式涡轮增压冷却系统。水冷式涡轮增压冷却系统如图5-2-15所示，在冷却液散热器的底端设有单独的辅助散热器，来自涡轮增压的压缩空气通过中间冷却器时，电动水泵使得冷却液

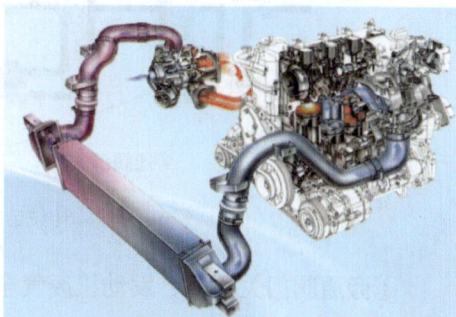

图 5-2-14　风冷式涡轮增压系统

在辅助散热器和中间冷却器之间循环，实现热量交换。电动水泵的转速受电控单元控制，调节进气温度在适当范围内。

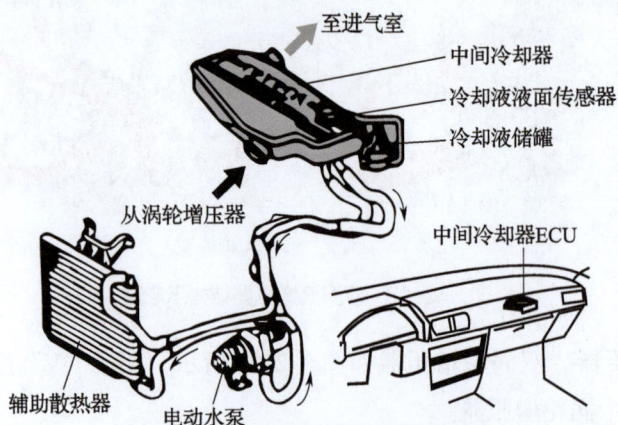

图 5-2-15　水冷式涡轮增压系统

三、涡轮增压系统的控制

涡轮增压控制系统主要由以下两个控制部分组成，包括废气旁通控制和进气旁通控制两部分。

1. 废气旁通控制

废气旁通控制是指通过改变旁通阀门的开启及开启力度，调节涡轮的转速，从而控制进气增压的压力，维持发动机良好的工作状态。旁通阀的控制主要有传统式和带电磁阀控制式两种类型。

1）传统废气旁通阀（无控制阀式）控制过程，如图5-2-16所示。

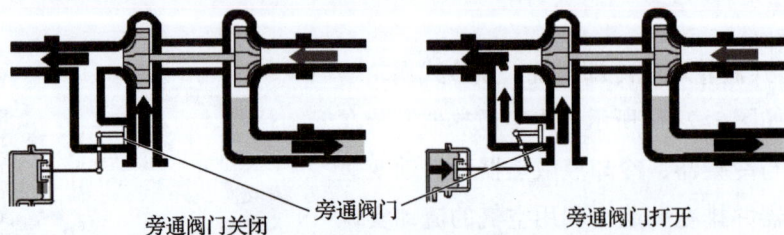

图 5-2-16　传统废气旁通阀（无控制阀式）控制示意图

①旁通阀门关闭时，发动机废气全部作用到涡轮叶片上，涡轮高速旋转，实现了较高的进气增压。

②旁通阀门全部打开时，仅有发动机的部分尾气通过涡轮，而其他大量尾气通过旁通

阀泄放，涡轮和泵轮保持较低的速度运转。进气系统可通过此方式降低增压压力，防止发动机怠速运转时增压压力过高损坏发动机。

> **注释：** 该控制方式只有旁通阀"完全打开"和"完全关闭"两种工作状态，即进气压力增大到一定程度后，打开排气旁通阀让部分废气不经过涡轮，减小了泵轮转速，降低了进气增压压力。

2）带电磁阀式废气旁通阀控制，如图5-2-17所示。

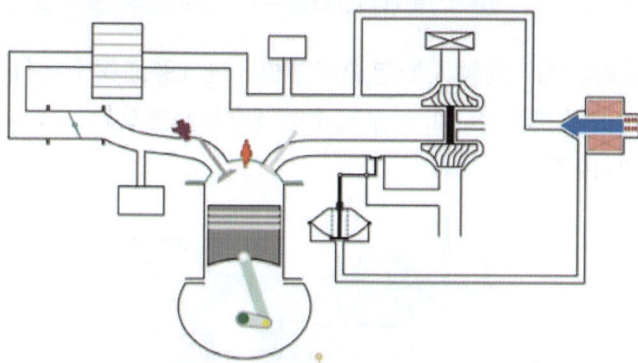

图 5-2-17 带电磁阀式废气旁通阀结构示意图

废气旁通阀的"开闭时刻"及"开启力度"，由发动机电控单元实现。根据发动机的工作状况，以占空比的方式准确控制通过涡轮的废气"通气量"，实现精准控制进气压力的目的。

①发动机怠速运行时，电控单元以接近100%的占空比指令控制旁通电磁阀，废气旁通道全部打开，涡轮增压效果最弱。

②发动机中等负荷运行时，电控单元以65%~80%的占空比指令控制旁通电磁阀，进气歧管压力可达220~240kPa。

③发动机大负荷运行时，电控单元以接近0%的占空比指令控制旁通电磁阀，废气旁通道关闭，涡轮高速旋转，使得进气增压效果最佳。

2. 进气旁通控制

当发动机高速运转、加速踏板突然抬起时，通过进气旁通阀接通进气道高压侧和低压侧之间的连接管路，使涡轮增压器保持高速空转状态；当驾驶人再次踩下加速踏板时，由于涡轮增压器转轴速度没有降速，避免出现加速迟滞现象。

1）车辆正常行驶状态。驾驶人保持踩踏加速踏板的适当位置，车辆正常高速行驶，进气旁通阀关闭，进气被涡轮增压后进入进气歧管，进气歧管保持高压状态，如图5-2-18所示。

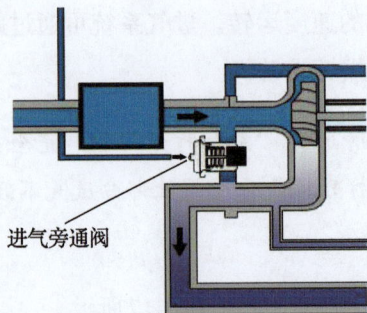

图 5-2-18　进气旁通阀控制示意图——"车辆正常行驶状态"

2）车辆突然减速状态。驾驶人抬起加速踏板，进气旁通阀全部打开，进气管道内的空气通过旁通通道形成内部循环，此时泵轮将继续维持高速旋转，减小了对进气泵轮和转轴的冲击，如图 5-2-19 所示。

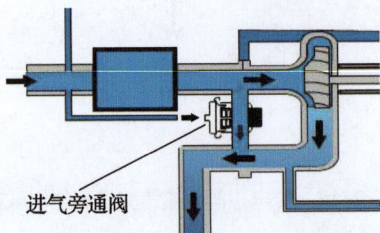

图 5-2-19　进气旁通阀控制示意图——"车辆突然减速状态"

3）车辆重新加速状态。驾驶人踩下加速踏板，进气旁通阀全部关闭，因泵轮维持了高速运转，避免了重新加速后出现迟滞现象，如图 5-2-20 所示。

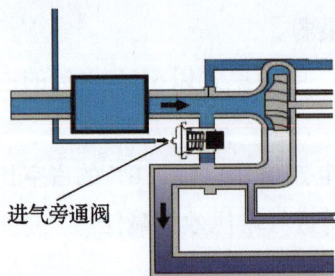

图 5-2-20　进气旁通阀控制示意图——"车辆重新加速状态"

3. 涡轮增压系统使用注意事项

1）严格按照维修手册的要求选用机油，因涡轮增压装置工作温度高、涡轮转轴转速高等原因，对润滑要求特别苛刻。

2）车辆高速长时间运行停车后，发动机应怠速运转几分钟后再熄火，让机油更多地带走涡轮增压器的热量，延长其使用寿命。

任务实施 废气涡轮增压系统检测

场所要求

1）场所设施（供电、通风等）符合安全作业标准，场地面积在60m²以上。

2）采光条件（大于500lx）满足一体化教学需求。

3）能够满足30人左右的班级分组学习需求。

项目准备

1）汽车维修通用工具一套，含万用表、试灯、跨接检测线等。

2）四通道示波器1台，综合性能检测仪1台。

3）上汽通用别克全新英朗，发动机型号为LIY。

4）长城哈弗2021款M6 PLUS SUV1部。

一、废气涡轮增压装置重要数据流检测

诊断仪连接车辆诊断接口，起动发动机运行到正常水温，读取相关的故障码和数据流。

1. 检测车辆及诊断仪信息

1）检测车辆：上汽通用别克全新英朗，发动机型号为LIY。

2）诊断仪型号：博世720。

2. 读取相关故障码信息

故障码：□有　□无；故障码记录：

3. 读取相关的主要数据流

读取发动机怠速运转时的废气涡轮增压装置相关的主要数据流，相关动态数据截屏见表5-2-1。

表 5-2-1　废气涡轮增压器主要数据流

项目	数值	单位
涡轮增压废气阀A开启状态	开启	
涡轮增压废气阀A搭铁测试状态	未运行	
涡轮增压废气阀A开路测试状态	未运行	
涡轮增压废气阀A对电流断路测试状态	未运行	
涡轮增压进气阀B开启状态	开启	
涡轮增压进气阀B搭铁测试状态	未运行	

（续）

项目	数值	单位
涡轮增压进气阀 B 开路测试状态	未运行	
涡轮增压进气阀 B 对电流断路测试状态	未运行	
期望与实际的进气量比率	1.03	%
期望的进气增压压力	90	kPa
进气增压压力	91	kPa

①涡轮增压废气阀A开启状态为开启。

②涡轮增压进气阀B开启状态为开启。

③期望的进气增压压力为90kPa。

④进气增压压力为91kPa。

结论：废气涡轮增压装置工作状况正常。

二、废气涡轮增压装置进气旁通电磁阀波形检测

1.示波器检测线路连接

示波器"（+）表笔"连接Q40/2端子，"（-）表笔"连接发动机舱搭铁端子，测试废气涡轮增压器进气旁通电磁阀线路连接，如图5-2-21所示。

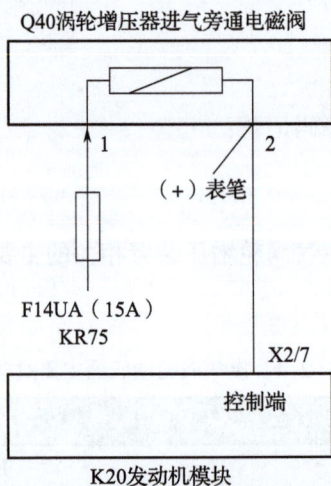

Q40涡轮增压器进气旁通电磁阀

1　　　　2

（+）表笔

F14UA（15A）
KR75

X2/7

控制端

K20发动机模块

图 5-2-21　废气涡轮增压器进气旁通电磁阀测试连接示意图

2.示波器检测波形图

示波器波形图横轴每格时间为50ms/div，纵轴每格电压为10V/div，废气涡轮增压装置进气旁通电磁阀波形如图5-2-22 ～图5-2-24所示。

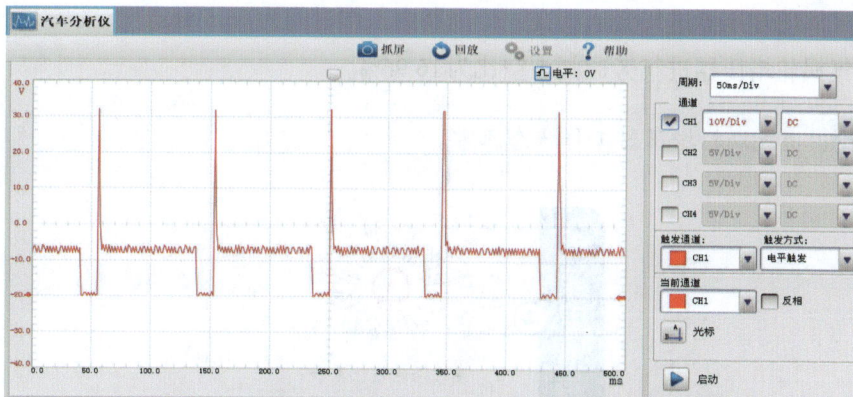

图 5-2-22　废气涡轮增压器进气旁通电磁阀波形示意图（1）

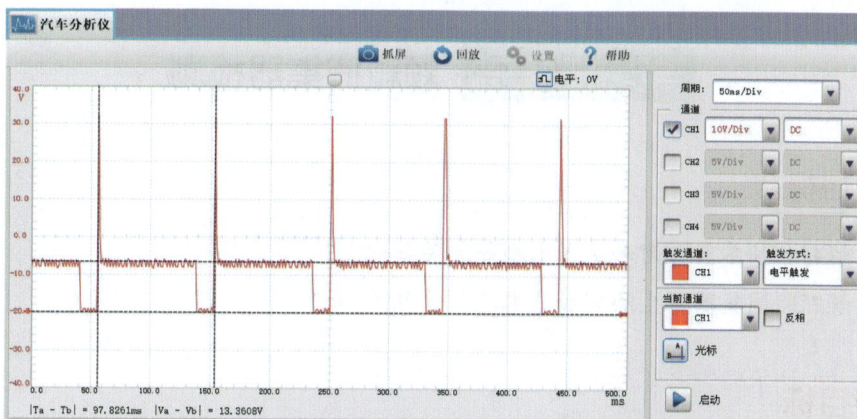

图 5-2-23　废气涡轮增压器进气旁通电磁阀波形示意图（2）

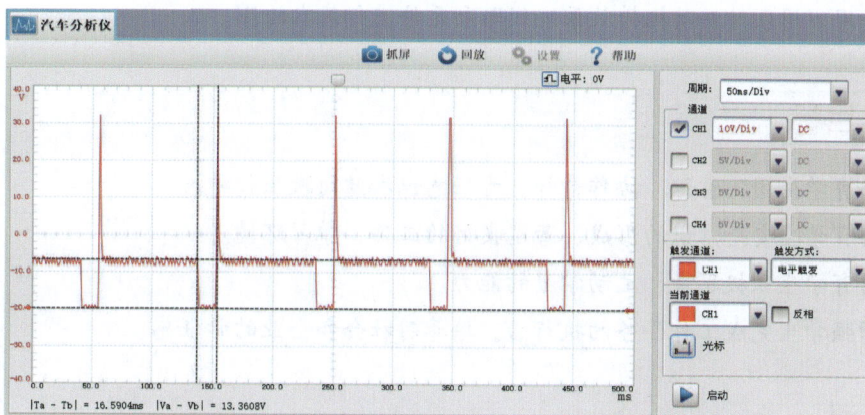

图 5-2-24　废气涡轮增压器进气旁通电磁阀波形示意图（3）

3. 波形分析

①废气涡轮增压器进气旁通阀周期为97.83ms。

②废气涡轮增压器进气旁通阀在一个周期内工作时间为16.59ms。

③废气涡轮增压器进气旁通阀占空比为16.96%。

结论：废气涡轮增压器工作状态正常。

扫二维码观看微课 ➡ 废气涡轮增压系统检测

学习任务三 颗粒捕集器检测

知识目标

1. 了解颗粒捕集器作用和基本类型等相关知识点。

2. 了解颗粒捕集器再生原理和基本操作等相关知识点。

技能目标

1. 会用诊断仪和示波器对颗粒捕集器性能进行检测。

2. 会用万用表对发动机排放系统线路和元件进行基本检测。

素养目标

1. 培育学生团队意识、协作精神、责任意识和爱岗敬业精神。

2. 培育学生安全意识的形成，营造良好的工作、学习环境。

3. 培育学生积极思考、主动学习的能力。

4. 增强学生完成工作任务的执行力，培养对社会和企业的责任感。

知识储备 颗粒捕集器

一、颗粒捕集器的基本知识

1. 颗粒捕集器功能简介

汽车发动机工作时，受到油品质量、工况变化等因素影响，特别是在冷起动、急加速等需要较浓混合气的状况下，不可避免地产生一定颗粒物（固态炭颗粒及少量的金属灰烬、硫酸盐等）随尾气排入大气，对环境造成污染。

随着我国施行汽车尾气排放国六b阶段标准，对汽油机排放颗粒物的质量和数量做出了限制，标准为每燃烧1kg的燃油，废气中颗粒质量（PM）≤3mg/km，颗粒数量（PN）≤6.0×10^{12}个/kg。为此，需在排气管道上加装机外净化装置——炭颗粒捕集器（Gasoline Particulate Filter，GPF），当尾气流经内部密集设置的微孔时，颗粒会被吸附在过滤孔壁上，捕集率可达90%以上，降低了汽油机颗粒物的排放量，如图5-3-1所示。

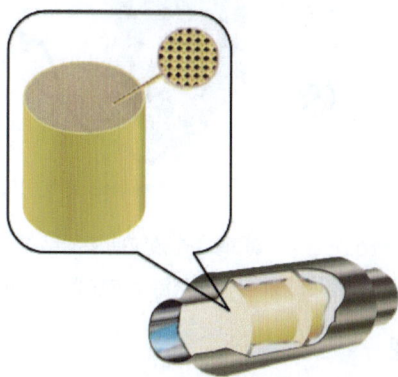

图5-3-1 颗粒捕集器结构示意图

2. 颗粒捕集器的类型

颗粒捕集器按照在排气管道上的安装位置，可分为后置式和紧耦合式两种类型。

1）后置式颗粒捕集器如图5-3-2所示，颗粒捕集器安装在三元催化器之后，其布置方便、过滤效果好，但存在距离三元催化器较远、入口温度低等问题，会造成颗粒捕集器再生困难、易积存炭颗粒等缺陷。

2）紧耦合式颗粒捕集器如图5-3-3所示，颗粒捕集器紧随三元催化器之后，并与三元催化器合并为一个总成部件，该总成也称为"四元催化器"。其入口温度高，易于三元催化器再生，不易产生积炭，但存在体积较大、过滤效果稍差，易产生高温损伤等缺陷。

图5-3-2 后置式颗粒捕集器

图5-3-3 紧耦合式颗粒捕集器

3. 颗粒捕集器的基本组成

紧耦合式颗粒捕集器组成如图5-3-4所示，由颗粒捕集器芯、排气压力差传感器、排气温度传感器、前后氧传感器等组成。

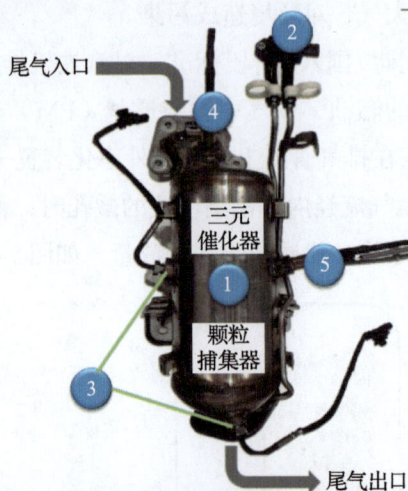

尾气入口

三元
催化器

颗粒
捕集器

尾气出口

图 5-3-4　紧耦合式颗粒捕集器组成

1—颗粒捕集器芯　2—排气压力差传感器　3—排气温度传感器　4—前氧传感器　5—后氧传感器

4. 颗粒捕集器工作原理

颗粒捕集器"滤芯"为蜂窝状微孔，类似三元催化器"滤芯"的结构，当废气流入 GPF 后，由于出口被堵，气流只能从内壁上的微孔流出，炭烟被截留在 GPF 芯上，起到过滤微细炭颗粒（3~500nm）的作用，如图 5-3-5 所示。

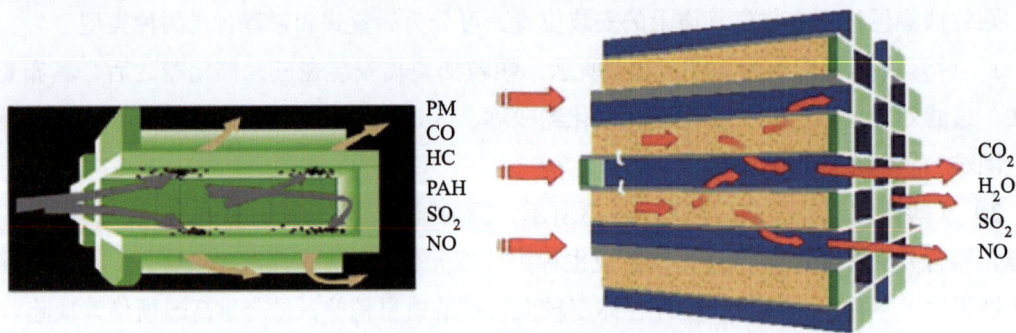

PM
CO
HC
PAH
SO_2
NO

CO_2
H_2O
SO_2
NO

图 5-3-5　颗粒捕集器工作原理

二、颗粒捕集器再生

1. 颗粒捕集器再生的知识点

GPF 长时间使用后，积炭颗粒积存在微孔表面，其存储体积逐渐减少，会使发动机排气产生节流效应（排气背压），从而影响发动机的动力性和燃油经济性，如图 5-3-6 所示。

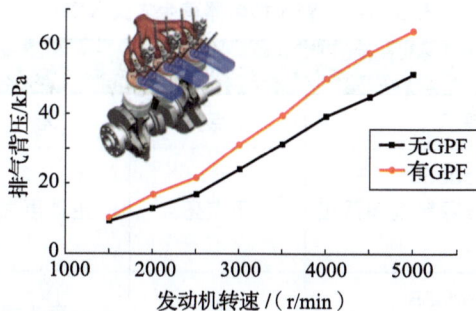

图 5-3-6 颗粒捕集器滤芯状况对排气背压的影响

为清除炭颗粒使滤芯恢复较强的过滤能力，减少排气背压，此过程称为颗粒捕集器再生。再生条件为GPF内部温度高于580℃、过量空气系数大于1.022时，使沉积在滤芯上的固态炭颗粒充分燃烧后生成CO_2气体，恢复滤芯的通透性能，如图5-3-7所示。

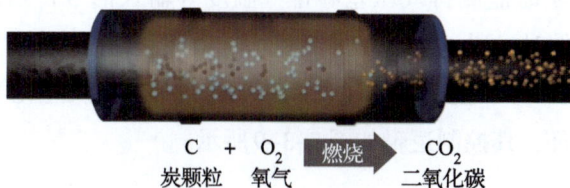

图 5-3-7 颗粒捕集器再生原理

2. 颗粒捕集器再生的方式

颗粒捕集器再生方式有主动再生和维修再生两种类型，其中采用哪种再生方式取决于炭载量。炭载量是通过压差传感器测量颗粒捕集器进、出口两端的压力差计算出来的，如图5-3-8所示，颗粒捕集器再生方式选择见表5-3-1。

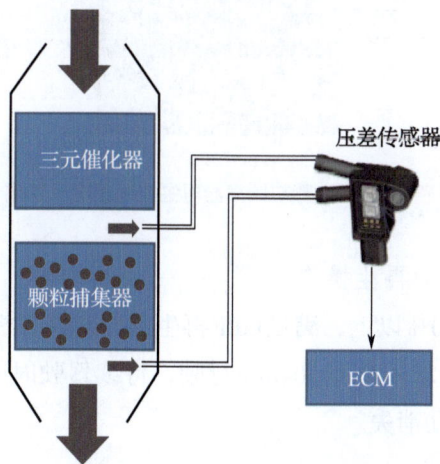

图 5-3-8 炭载量的计算方式

表 5-3-1　颗粒捕集器再生方式选择

炭载量数据	仪表信息提示	发动机故障灯	再生方式	维修站对策
< 300%	无提示	不点亮	无	无
≥ 300%	低配仪表：Code55 高配仪表：炭颗粒捕集器正在再生	不点亮	主动再生	提醒用户按一定条件驾驶车辆，直至系统再生完毕
≥ 500%	低配仪表：Code55 高配仪表：炭颗粒捕集器达到极限，请维护	点亮	主动再生或维修再生	诊断车辆确定维修方案，启用维修再生程序
注释	在低温环境中使用车辆（特别是在 -20℃ 以下）时，每次冷起动最高可产生 30% 的炭载量积存。如果车辆行驶距离和时间均短，不能激活主动再生系统，有可能在 30 天左右导致发动机故障灯点亮			

发动机控制模块实时监测排气压差和排气温度等输入信号，当达到炭载量设定的阈值并满足主动再生条件时，通过燃油和进气控制，延长点火提前角、降低混合气浓度，使 GPF 滤芯温度上升到 580℃ 以上，氧气与沉积其上的炭颗粒会发生化学反应生成 CO_2 排出，完成一次 GPF 再生循环，其控制逻辑如图 5-3-9 所示。

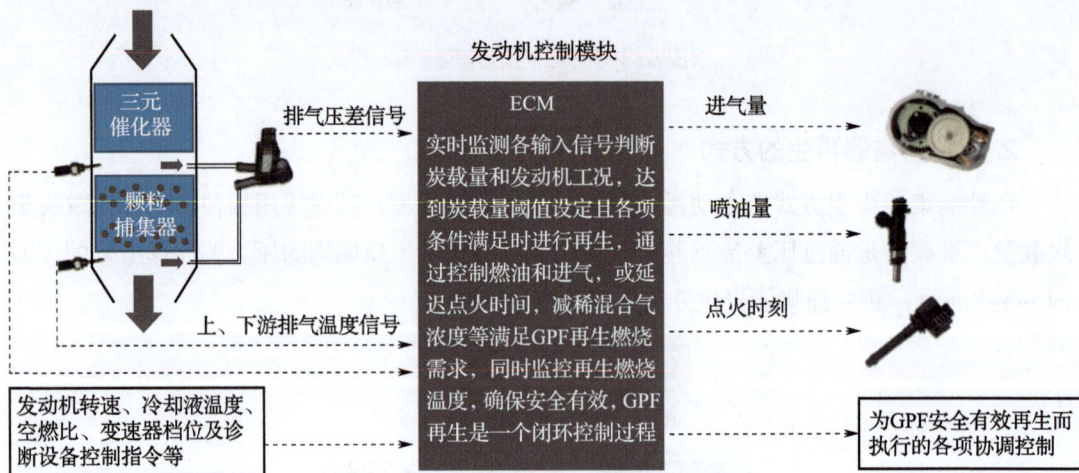

图 5-3-9　颗粒捕集器再生控制逻辑示意图

（1）颗粒捕集器的主动再生操作

当车辆炭载量达到 300% 以上，满足 GPF 再生条件，仪表板将提示驾驶人进行再生操作，如图 5-3-10 所示，要求不低于 60km/h 行驶，持续驾驶时间不少于 15min，再生完毕后仪表板上的提示信息自动消失。

（2）颗粒捕集器维修再生提示

当炭载量达到300%以上，车辆长期短距离、低速行驶，不能满足主动再生的条件，炭颗粒持续在颗粒捕集器上聚集，当炭载量达到500%以上时，发动机故障指示灯会点亮，信息屏显示GPF维护信息，提醒驾驶人需到特约维修站，进行车辆GPF的维修再生作业，如图5-3-11所示。

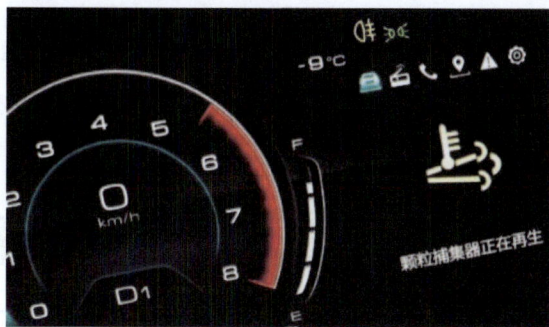

图5-3-10　仪表板上颗粒捕集器再生提示　　　　图5-3-11　颗粒捕集器维修再生信息提示

注释： 颗粒捕集器维修再生，需要专业人员操作完成。

任务实施　颗粒捕集器检测

场所要求

1）场所设施（供电、通风等）符合安全作业标准，场地面积在60m²以上。

2）采光条件（大于500lx）满足一体化教学需求。

3）能够满足30人左右的班级分组学习需求。

项目准备

1）汽车维修通用工具一套，含万用表、试灯、跨接检测线等。

2）四通道示波器1台，综合性能检测仪1台。

3）上汽通用别克全新英朗，发动机型号为LIY。

4）长城哈弗2021款M6 PLUS SUV1部。

一、颗粒捕集器主要数据流检测

用诊断仪连接车辆诊断接口，起动发动机运行到正常温度，读取相关的故障码和数据流。

1. 检测车辆及诊断仪信息

1）检测车辆：上汽通用别克全新英朗，发动机型号为LIY。

2）诊断仪型号：博世720。

2. 读取相关故障码信息

故障码：□有　□无；故障码记录：

3. 读取主要数据流

读取与颗粒捕集器相关的主要数据流，相关数据流见表5-3-2。

表 5-3-2　颗粒捕集器主要数据流

项目	数值	单位
颗粒滤清器炭载量估计值	3.34	%
从颗粒滤清器压差传感器上计算出来的炭载量	3.34	%
颗粒滤清器（GPF）进口压力	327.06	kPa
颗粒滤清器（GPF）出口压力	101.39	kPa
颗粒滤清器（GPF）指示灯点亮	否	
颗粒滤清器（GPF）再生持续时间	否	

①颗粒滤清器炭载量估计值为3.34%。

②从颗粒滤清器压差传感器上计算出来的炭载量为3.34%。

③颗粒滤清器（GPF）进口压力为327.06kPa。

④颗粒滤清器（GPF）出口压力为101.39kPa。

⑤颗粒滤清器（GPF）指示灯是否点亮：否。

结论：颗粒捕集器进、出口压力正常，炭载量在正常范围内，颗粒捕集器工作状况正常。

二、颗粒捕集器的维修再生

1. 颗粒捕集器维修再生条件

当炭载量超过500%，且长期不能满足主动再生的条件，此时发动机故障灯点亮，仪表板信息屏显示提醒进行"维修再生"操作信息。

2. 车辆进行维修再生操作注意事项

由于维修再生需要时间长达50min以上，发动机转速会自动提升至3000r/min左右，机舱和尾气温度较高，操作时应注意以下问题。

1）尽量在车间外通风良好的地方操作。

2）打开机舱盖清理易燃物和油渍。

3）使用电风扇对着发动机舱进行辅助降温。

4）备齐灭火器等设施，以便应急使用。

5）维修人员全程负责看管。

3. 颗粒捕集器维修再生的基本操作

1）满足颗粒捕集器维修再生的条件。

①发动机舱盖已打开。

②发动机已起动运行。

③变速器处于空档，驻车制动已施加。

④燃油量大于10L。

⑤冷却液达到正常温度。

⑥加速踏板未被踩下。

2）操作步骤：满足上述条件后，使用诊断仪启动GPF再生程序，颗粒捕集器再生将自动进行，直至再生操作完毕。

3）颗粒捕集器维修再生终止的条件。

①发动机熄火。

②GPF温度大于900℃。

③制动踏板被踩下。

④加速踏板被踩下。

⑤发动机冷却液温度不正常。

⑥油箱剩余油量小于4L。

车载网络通信系统故障诊断与排除

项目描述

车载网络通信系统类似于人类的神经系统，主要用于传递各类车载信息。为减少车辆的导线数量，提高各控制模块间信息传输的质量和速率，现代汽车上广泛采用了车载网络通信系统。目前常用的车载网络通信系统有CAN、LIN、MOST和Ethernet等多种类型，各类车型在设计上根据传输信息量的多少和传输速率，选择不同类型的网络拓扑结构。其中，CAN为双线差分信号模式，传递速率为500kbit/s；LIN为单线传递模式，传递速率在2~20kbit/s；MOST和Ethernet常用在信息娱乐系统中，传递速率分别为50Mbit/s和100Mbit/s。

本项目主要内容是常用车载网络通信系统的结构、组成和检修方法，理解车载网络控制逻辑和故障排除思路，会用诊断仪、万用表和示波器完成车载网络系统的检测和基本故障排除。

学习任务一　车载网络通信系统结构简介

知识目标

1. 了解车载网络通信系统作用和组成的相关知识点。
2. 了解不同类型的车载网络通信系统选用的相关知识点。

技能目标

1. 会用万用表对车辆诊断接口的性能进行检测。
2. 会用示波器对车载网络通信系统波形进行测试和分析。

素养目标

1. 培育学生团队意识、协作精神、责任意识和爱岗敬业精神。
2. 培育学生安全意识的形成，营造良好的工作、学习环境。

3.培育学生积极思考、主动学习的能力。

4.增强学生完成工作任务的执行力，培养对社会和企业的责任感。

知识储备 车载网络通信系统

一、车载网络通信系统的结构特点

1.车载网络通信系统的作用和组成

为加强各电子控制模块间信息交换和共享，提高通信速率，减少通信线路和降低故障率，现代汽车广泛采用了车载网络通信系统。常用的车载网络系统一般采用总线方式传输通信数据，各控制模块均需采用两条导线连接在公共的节点上，这两条导线就称为数据总线。通过数据总线将汽车上的各电子控制单元连接起来，形成了汽车信息传输网络通信系统，如图6-1-1所示。

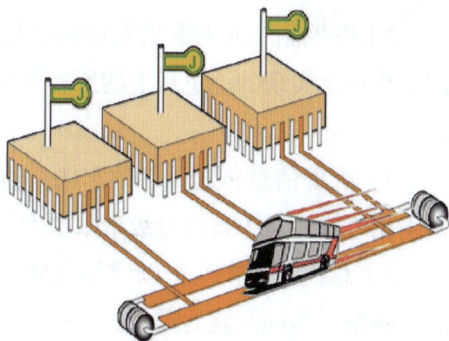

图 6-1-1 车载网络系统结构示意图

现以发动机模块与自动变速器模块间的通信为例，说明采用网络通信系统的必要性。自动变速器模块升档和降档的主要信息是车速和发动机负荷信号，同时还需参考发动机其他工作状况参数（如冷却液温度、发动机转速等信号），发动机模块与自动变速器模块间每项信息都是通过至少一条导线来传递的，如图6-1-2所示。

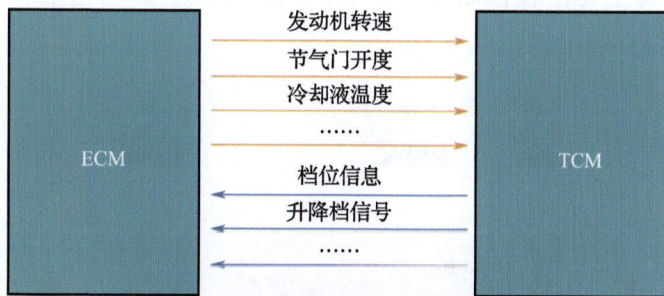

ECM	发动机转速	TCM
	节气门开度	
	冷却液温度	
	……	
	档位信息	
	升降档信号	
	……	

每条线路上传送一个信号，信号单向传输。随着模块之间传递信号量的增加，将会大大增加模块间线路的数量

图 6-1-2 无网络通信时各项信息传递示意图

若采用公共的网络传递信息，两模块间的通信线路可用两条线路传输，快速准确地实现信息共享，以最少的线路数量，实现了数据传输，如图6-1-3所示。

2. 常用车载网络通信系统的特点

1）模块间取消了点对点的单一通信方式，以最少的导线数量（一条或两条）实现双向信息传输，导线数量和线束体积相应减少，使整车线束得到简化，提高了信号传输的可靠性，降低了整车故障发生率。

图 6-1-3　车载网络通信示意图

2）各控制单元的数据发送和接收是在公共传输线路上实现的，总线上的所有数据可实现共享，减少了数据的重复处理，节约了使用成本。

3）配备信息传输网络的车辆，通过对系统软件进行相应的变动，使控制系统的功能发生相应改变，为系统升级带来更大的便利。

4）总线上的模块可以增加和减少，对整个系统工作性能不会产生影响，因此满足了同一车型、不同配置的需求。

二、主要车载网络通信系统的结构

目前车辆上常使用的车载通信有 CAN 通信系统、LIN 通信系统和 MOST 通信系统等几种类型。

1. CAN 通信系统

（1）CAN 通信系统的组成

CAN 通信系统主要由各控制模块、数据通信总线、终端电阻和网关等组成，如图 6-1-4 所示。

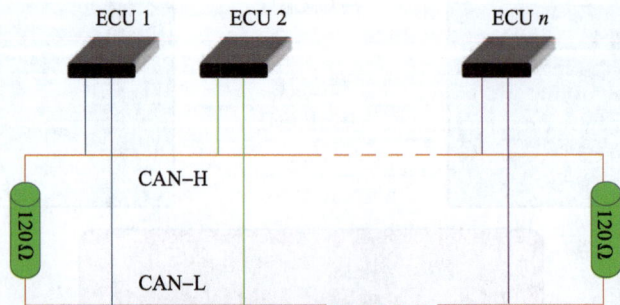

图 6-1-4　CAN 通信系统的组成

①通信模块。各控制模块均通过 CAN-H 和 CAN-L 连接在 CAN 总线上，其上设有控制器和收发器单元，可将其他模块需要的信息发送至 CAN 总线上，以便实现信息共享；也可从 CAN 总线上接收所需的信息，如图 6-1-5 所示。

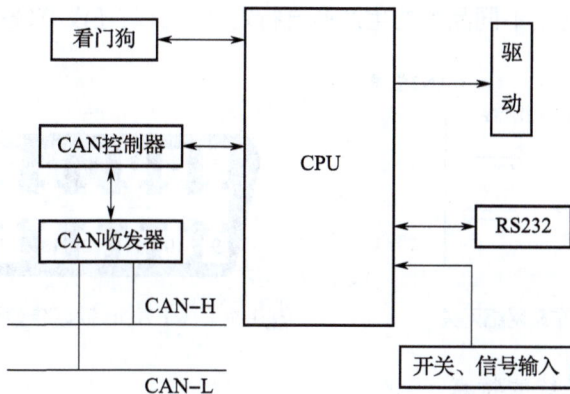

图 6-1-5　各控制模块 CAN 通信信息接收、发送示意图

②双绞线。通信总线为双绞线形式，是双向数据传输模式，分别为CAN-H（CAN高位）和CAN-L（CAN低位），有效地防止了外界电磁波干扰和自身信号的向外辐射，这两条线上传输的信号是相同的，但相位始终是相反的。CAN-H平均电压一般在2.5~3.5V，CAN-L平均电压一般在1.5~2.5V，且两条线上的瞬时对地电压之和始终为5V左右。

③终端电阻。CAN总线数据传输终端为两个120Ω的电阻，其作用是防止数据在终端反射回来，影响数据总线上传输信号的质量，如图6-1-6所示。

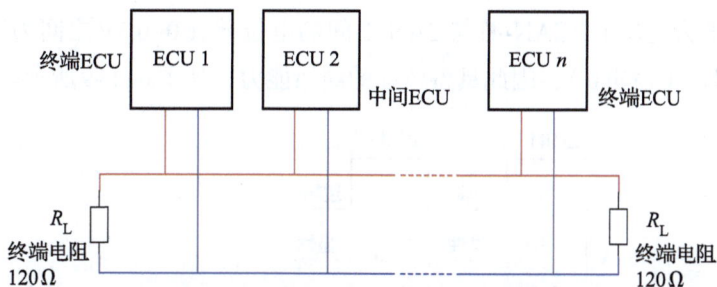

图 6-1-6　CAN 总线数据传输端的终端电阻

④网关。当车载网络有多条传输系统时，需要一个控制元件——"网关"，协调各模块间的信息传输、管理，实现整车总线网络的唤醒、工作及休眠状态，确定各模块间发送数据的优先级，监控整车总线网络和各模块的通信状态，记录和存储相关故障码，必要时将有故障的网络系统隔离，如图6-1-7所示。

⑤诊断接口。现代车辆上的诊断接口一般为16针标准OBD-Ⅱ端子，可连接诊断设备，用于读取储存在各控制单元内部的故障码、数据流，并进行各控制模块的动态性能测试，诊断接口如图6-1-8所示。

在OBD-Ⅱ诊断接口中，标准诊断端子为4#、5#、6#、14#和16#，其中4#端子为信号搭铁，5#端子为车身搭铁，6#端子为诊断CAN-H，14#端子为诊断CAN-L，16#端子为常电；其他端子功能由不同品牌的生产商自行定义，目前还没有统一的标准。

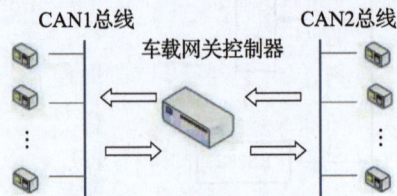

图 6-1-7　车载网络网关

图 6-1-8　车载 16 针标准 OBD- Ⅱ诊断接口

（2）CAN 通信系统的特点

①在同一 CAN 总线网络系统中，各模块间的信息传输方式为双向的，均采用二进制（0或1）串行通信模式，信息传输的优先级由通信协议统一协调。

②信息传输速率标准为 500kbit/s，最高为 1Mbit/s，能完全满足车身稳定控制、发动机控制系统需求。

③在同一 CAN 总线网络中，最高可容纳 16 个控制单元，一般最多设置 15 个模块，另一路模块留给外接诊断设备。

④CAN 总线采用差分传输模式，在 CAN 总线上，利用 CAN-H 和 CAN-L 两条线上的电位差来表示 CAN 信号。差分信号分显性电平和隐性电平两种类型，其中显性电平为逻辑 0，隐性电平为逻辑 1。CAN-H 与 CAN-L 间的电位差在 0~0.5V 之间为隐性（逻辑 1），1~5V 之间为显性（逻辑 0），因此具备较强的纠错能力，如图 6-1-9 所示。

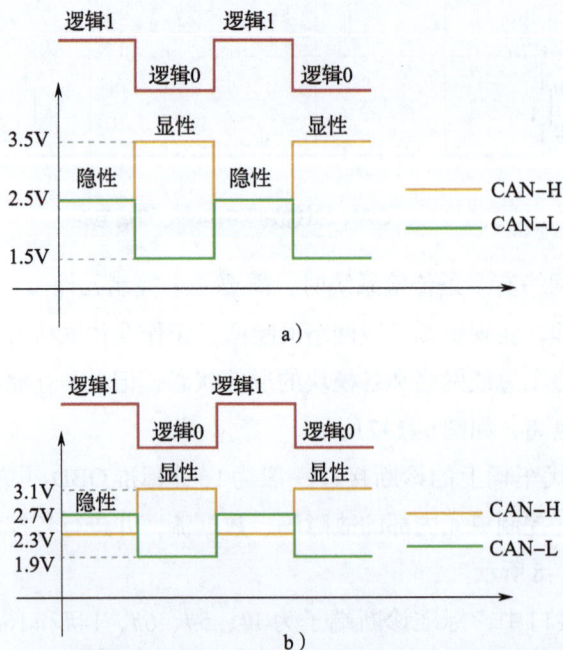

图 6-1-9　CAN 总线信息传输纠错能力示意图

a）正常情况下的 CAN 通信模式　b）非正常情况下的 CAN 通信纠错模式

2. LIN 通信系统

（1）LIN 通信系统的组成

LIN 通信系统由一个主模块、多个从节点（传感器或执行器）和单条的传输线路组成，如图6-1-10所示，可实现一个主模块和多个从节点间的双向通信，用于传输信息量较小且不重要的数据，如车窗开关与车身电源管理模块间的通信。

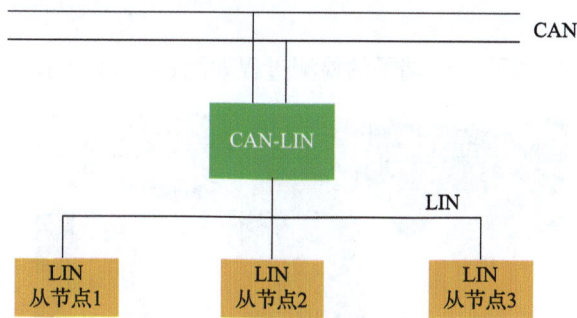

图 6-1-10　LIN 通信系统组成示意图

（2）LIN 通信系统的特点

①主模块与从节点间通信为单线连接形式。

②一个主模块最多可挂接16个从节点（一般最多挂接15个从节点，预留一个从节点给诊断仪），主模块与从节点间为星形连接关系。

③主模块和从节点间可双向通信，但从节点与从节点间不能通信。

④主模块与从节点间通信速率在2~20kbit/s之间。

任务实施　常用车载网络通信系统检测

场所要求

1）场所设施（供电、通风等）符合安全作业标准，场地面积在60m² 以上。

2）采光条件（大于500lx）满足一体化教学需求。

3）能够满足30人左右的班级分组学习需求。

项目准备

1）汽车维修通用工具一套，含万用表、试灯、跨接检测线等。

2）四通道示波器1台，综合性能检测仪1台。

3）上汽通用别克威朗15S进取型轿车1部。

4）长城哈弗2021款 M6 PLUS SUV1部。

一、诊断接口的检测

1. 搭铁端子

1）测量OBD-Ⅱ诊断接口信号搭铁端子4#与搭铁点间的电阻，正常情况下应小于2Ω。

2）测量OBD-Ⅱ诊断接口车身搭铁端子5#与搭铁点间的电阻，正常情况下应小于2Ω。

OBD-Ⅱ诊断接口4#端子、5#端子的检测过程如图6-1-11所示。

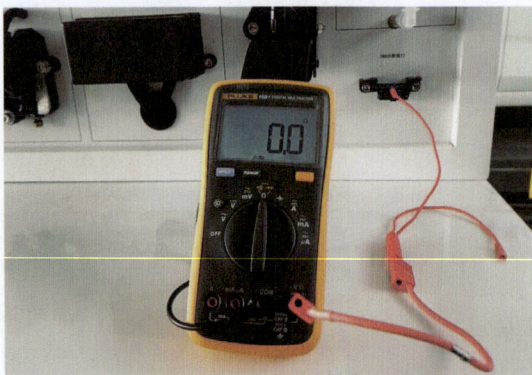

图6-1-11　标准诊断接口 OBD-Ⅱ搭铁端子检测

2. 常电端子

用万用表测量OBD-Ⅱ诊断接口16#端子，电压应为蓄电池电压，如图6-1-12所示。

3. 诊断通信端子

（1）6# 端子（CAN-H）和 14# 端子（CAN-L）检测

①点火开关置于ON位置，测量6#端子对地电压，此时电压均值应在2.5~3.5V间变化，如图6-1-13所示。

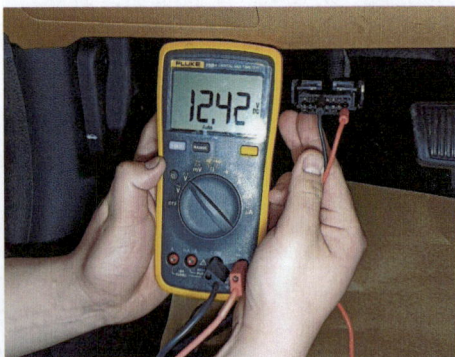

图6-1-12　标准诊断接口 OBD-Ⅱ常电端子检测

图6-1-13　CAN-H 对地电压测量

②点火开关置于ON位置，测量14#端子对地电压，此时电压均值应在1.5~2.5V间变化，如图6-1-14所示。

③瞬时CAN-H对地电压和CAN-L对地电压之和约为5V。

（2）6#端子和14#端子间CAN电阻检测

①关闭点火开关，断开蓄电池负极，等待90s以上，释放系统内积存的静电。

②用万用表测量6#端子与14#端子之间的电阻，应该在60Ω左右，如图6-1-15所示。

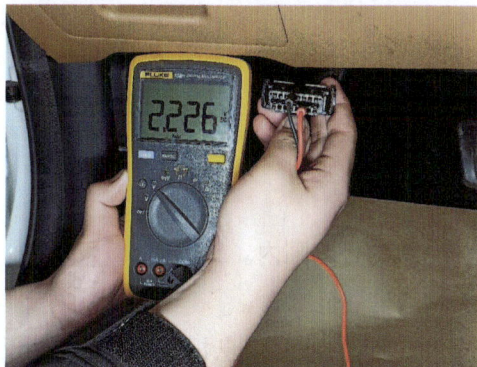

图6-1-14　CAN-L对地电压测量

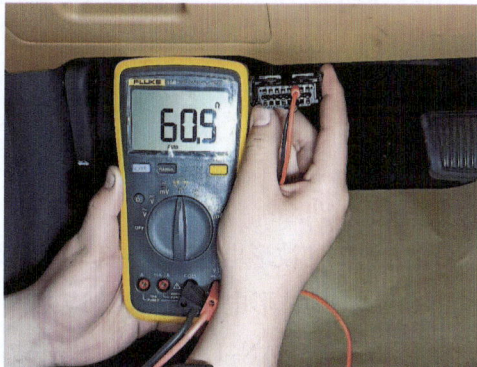

图6-1-15　CAN电阻值测量

结论：
①OBD-Ⅱ诊断接口搭铁端、常电端正常。
②OBD-Ⅱ诊断接口CAN-H端没有发生对负极短路、对正极短路。
③OBD-Ⅱ诊断接口CAN-L端没有发生对负极短路、对正极短路。
④总线电阻值在60Ω左右，CAN总线没有发生断路。

二、车载网络通信波形测试

1. 用示波器双通道模式检测CAN通信波形

1）通道一：示波器"（＋）表笔1"连接OBD-Ⅱ诊断接口6#端子，"（－）表笔1"连接OBD-Ⅱ诊断接口4#端子。

2）通道二：示波器"（＋）表笔2"连接OBD-Ⅱ诊断接口14#端子，"（－）表笔1"连接OBD-Ⅱ诊断接口4#端子。

2. 示波器检测波形图

示波器测量所得的CAN波形如图6-1-16所示，波形横轴每格时间为50μs/div，通道一纵轴每格电压为2V/div，通道二纵轴每格电压为2V/div。

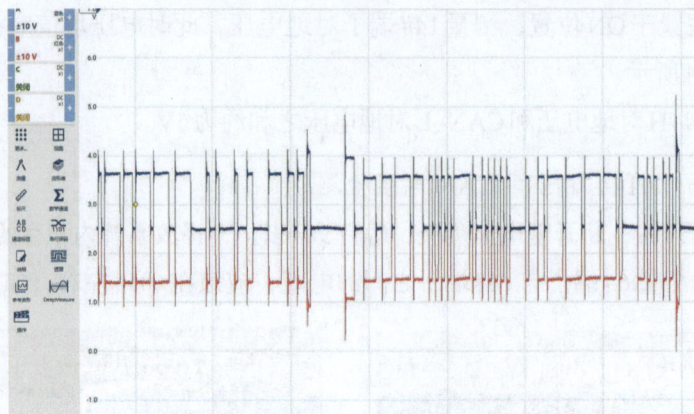

图 6-1-16　CAN 波形图

3. 波形分析

①CAN-H 的波形电压在 2.5~3.5V 之间变化的离散信号范围内。

②CAN-L 的波形电压在 1.5~2.5V 之间变化的离散信号范围内。

③CAN-H 和 CAN-L 传递的信息呈镜像关系，即两者传递的信息相同，但相位相反。

> 结论：CAN 通信测试波形正常。

拓展提升　MOST 通信系统简介

在部分高档车型上，为提高娱乐通信系统质量，提高信息传递速度和质量，在收音机、放大器、DVD 等模块间采用 MOST 通信系统，如图 6-1-17 所示。

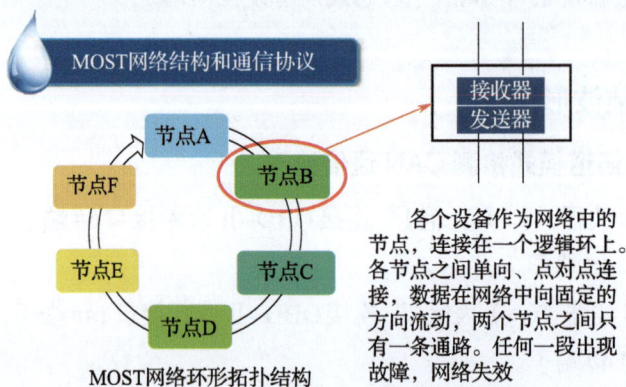

图 6-1-17　MOST 通信系统结构示意图

MOST 通信系统有如下特点：

1）传递速率快，一般为 50Mbit/s，常用于娱乐系统的信息传输。

2）MOST系统网络拓扑结构为环形，信号传输模式为单向，若任何一个节点或传输介质发生故障，整个系统会瘫痪。

3）在MOST系统中，收音机模块一般为主模块，可唤醒其他模块，如图6-1-18所示。

图6-1-18 主模块收音机的唤醒功能

4）若MOST系统出现故障，可通过诊断接口用故障诊断仪读取该系统存储的故障码和数据流。

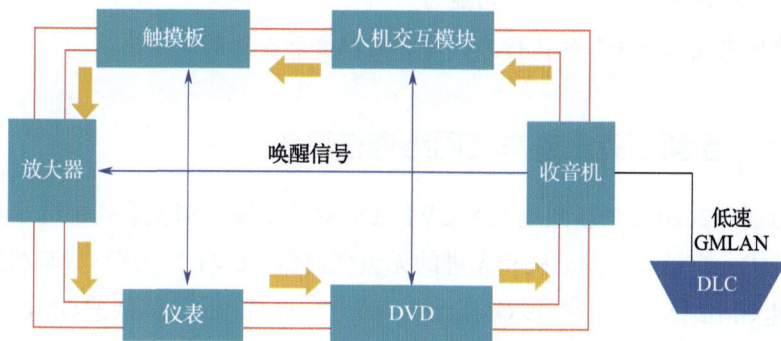

扫二维码观看微课

微课内容：
1. 用万用表对OBD-Ⅱ诊断接口性能进行检测。
2. 用示波器对CAN系统进行波形检测。

车载网络通信系统检测

学习任务二 车载网络通信应用实例

知识目标

1. 了解全新别克凯越车载网络的组成。
2. 了解全新别克凯越车载网络系统网关的作用。

技能目标

1. 会用诊断仪和示波器对网络通信低速GMLAN系统性能进行检测。
2. 会用诊断仪和示波器对网络通信LIN系统性能进行检测。

素养目标

1. 培育学生团队意识、协作精神、责任意识和爱岗敬业精神。
2. 培育学生安全意识的形成，营造良好的工作、学习环境。
3. 培育学生积极思考、主动学习的能力。
4. 增强学生完成工作任务的执行力，培养对社会和企业的责任感。

知识储备　全新别克凯越车载网络通信系统

上汽通用别克2020款全新凯越15N CVT豪华型轿车属于别克系列中端车型，其配备1.3L自然吸气式小排量三缸发动机和先进的无级变速器（CVT）。该车型车载网络通信系统配置了高速GMLAN、底盘扩展GMLAN、动力扩展GMLAN、低速GMLAN和LIN等网络拓扑结构，如图6-2-1所示。

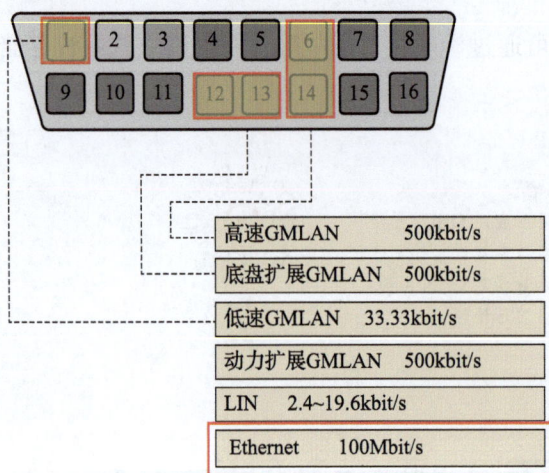

基于全球平台的别克全新一代凯越，全车共采用了6种车载网络，其中3种连接在诊断接口上

在网络中还带有数据网关模块，用于保障车载网络的信息安全

另外，信息娱乐系统引入了传送速率更高的车载Ethernet（以太）网络

图6-2-1　全新凯越车载网络拓扑结构示意图

一、高速通信网络系统

该车型高速通信网络系统由高速GMLAN、底盘扩展GMLAN和动力拓展GMLAN三部分组成。

（一）高速 GMLAN

1. 高速 GMLAN 组成

高速GMLAN网络通信系统的拓扑结构包含发动机控制模块、变速器控制模块和车身控制模块等六个电控单元，其中在发动机控制模块和车身控制模块各安装了一个120Ω的终端电阻，该系统主要实现与动力控制相关的数据通信，如图6-2-2所示。

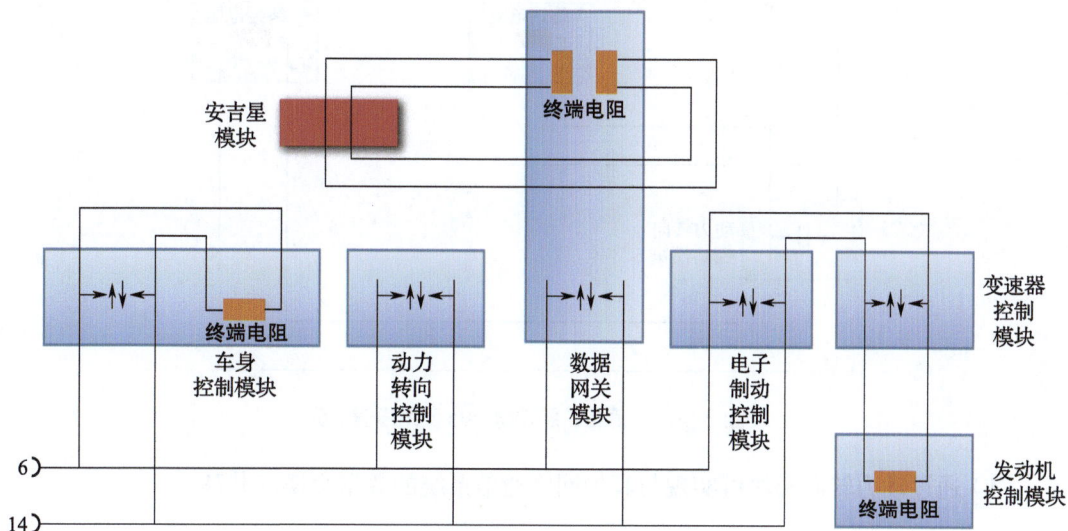

图6-2-2 高速 GMLAN 网络通信系统

2. 网络通信特点

1）网络通信速率为500kbit/s。

2）高速GMLAN通信系统网络传输介质为双绞线，采用差分通信模式。

3）主通信网络线路连接在标准OBD-Ⅱ诊断接口的6#和14#端子上，实现与外接诊断设备的通信连接。

4）通过网关可实现与其他网络通信系统间的数据交换和信息共享。

（二）底盘扩展 GMLAN

1. 底盘扩展 GMLAN 组成

底盘扩展GMLAN网络通信系统的拓扑结构包含安全气囊控制模块、动力转向模块和电子制动模块三个电控单元，其中在安全气囊控制模块和电子制动控制模块均装有一个120Ω的终端电阻，该系统主要实现与车身稳定和被动安全控制相关的数据通信，如图6-2-3所示。

2. 网络通信特点

1）网络通信速率为500kbit/s。

2）底盘扩展GMLAN通信系统网络传输介质为双绞线，采用差分通信模式。

3）该通信网络线路连接在标准OBD-Ⅱ诊断接口的12#和13#端子上，实现与外接诊断设备的通信连接。

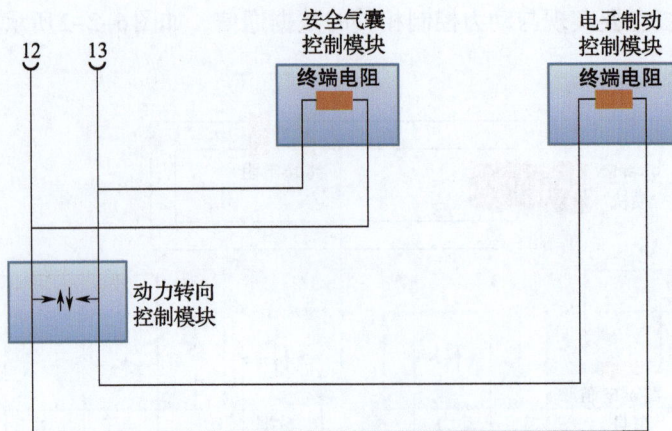

图 6-2-3　底盘扩展 GMLAN 网络通信系统

4）通过动力转向模块可实现与其他网络通信系统的数据交换和共享。

（三）动力扩展 GMLAN

1. 动力扩展 GMLAN 组成

动力扩展GMLAN网络通信系统的拓扑结构包含发动机控制模块和电源变压器控制模块两个单元，在这两个模块上均装有一个120Ω的终端电阻，该通信系统主要是发动机在自动起停实施过程中，向电源变压器传递实时的调压信息，以便向音响和仪表系统提供稳定的电压供给，如图6-2-4所示。

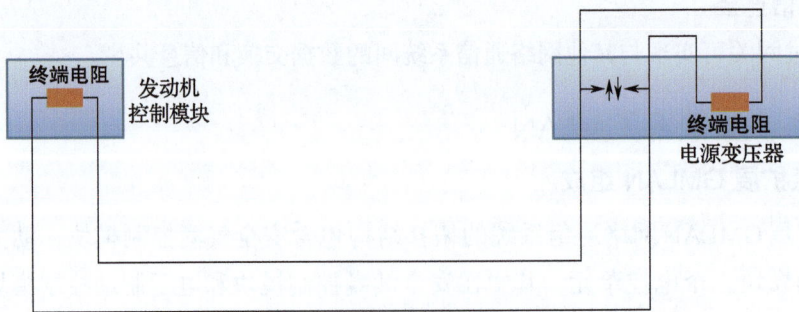

图 6-2-4　动力扩展 GMLAN 网络通信系统

2. 网络通信特点

1）网络通信速率为500kbit/s。

2）动力扩展GMLAN通信系统网络传输介质为双绞线，采用差分通信模式。

3）动力拓展GMLAN上没有在诊断接口上设置与外部诊断仪通信的专用通道。

4）通过发动机控制模块可实现与其他网络通信系统的数据交换和共享。

二、低速通信网络系统

该车型低速通信网络系统包含低速GMLAN和LIN网络系统两部分。

（一）低速 GMLAN

1. 低速 GMLAN 组成

低速GMLAN网络通信系统的拓扑结构包括车身控制模块、PESP控制模块和仪表等十个电控单元，其中网关模块隔离了安吉星和仪表等模块，该通信系统主要与电气设备开关控制信号相关联，如图6-2-5所示。

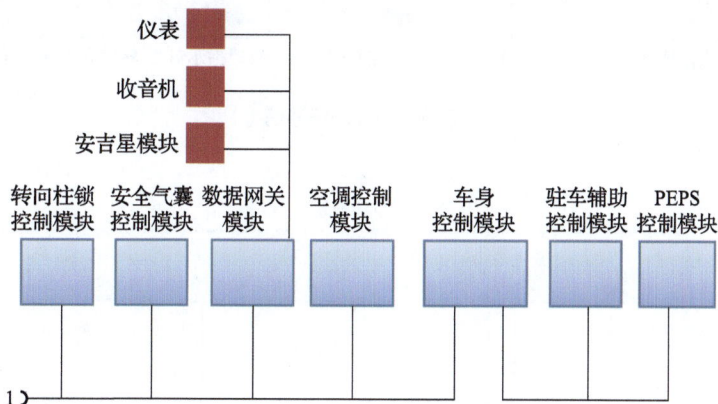

图6-2-5 低速 GMLAN 网络通信系统

2. 网络通信特点

1）网络通信速率为33.33kbit/s。

2）低速GMLAN通信系统网络传输介质为单线通信模式。

3）该通信网络线路连接在标准OBD-Ⅱ诊断接口的1#端子上，实现与外接诊断设备的通信连接。

（二）LIN 网络系统

1. LIN 网络系统组成

LIN网络是主模块和从模块间的协议总线，常用于车身电气系统中的控制指令、信号反馈等信息的通信。该车型包含多条LIN通信线路，其中发动机控制模块与蓄电池电流传感器、车身控制模块与空调面板、转向盘开关与组合仪表间的通信，均属于LIN通信网络系统，如图6-2-6所示。

车身控制模块作为主控模块，所有车窗开关和驾驶人侧车窗电动机为LIN网络中的从模块，如图6-2-7所示。

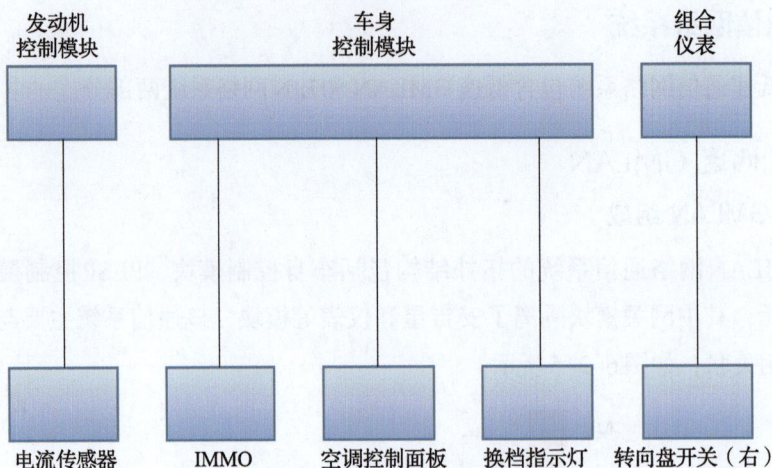

图 6-2-6　LIN 网络通信（1）

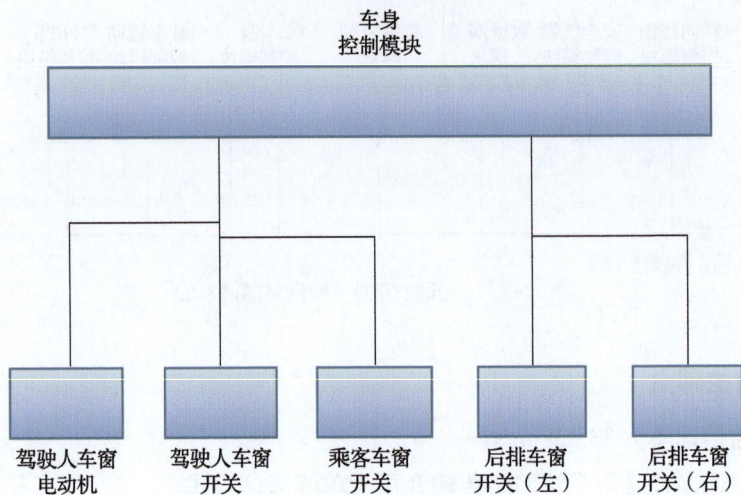

图 6-2-7　LIN 网络通信（2）

2. 网络通信特点

1）网络通信速率为 2~20kbit/s。

2）LIN 通信系统网络传输介质为单线通信模式。

3）LIN 通信网络没有在诊断接口上设置与外部诊断仪通信的专用通道。

三、网关

　　该车型的网关隔离了高速和低速网络中与信息娱乐相关的安吉星、收音机和仪表模块，可主动阻断来自信息娱乐系统的非法数据入侵，起到了类似"防火墙"的作用，从而提高了网络通信系统的安全性，如图 6-2-8 所示。

图 6-2-8　网关的安装位置

任务实施　车载网络通信系统检测

场所要求

1）场所设施（供电、通风等）符合安全作业标准，场地面积在 60m² 以上。

2）采光条件（大于 500lx）满足一体化教学需求。

3）能够满足 30 人左右的班级分组学习需求。

项目准备

1）汽车维修通用工具一套，含万用表、试灯、跨接检测线等。

2）四通道示波器 1 台，综合性能检测仪 1 台。

3）上汽通用别克 2020 款全新凯越 15N CVT 豪华型轿车 1 部。

一、低速 GMLAN 通信系统检测

1. 低速通信系统电压检测

1）点火开关置于 ON 位置。

2）用万用表测量诊断接口 1# 端子对地电压值，该电压值应在 1.1~1.7V 之间变化，如图 6-2-9 所示。

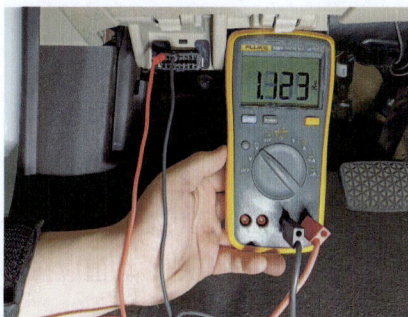

图 6-2-9　低速 GMLAN 端子电压均值检测

结论：低速GMLAN端子电压均值正常。

2. 低速通信系统波形测试

（1）测试线连接

示波器"（＋）表笔"连接OBD-Ⅱ诊断接口1#端子，"（－）表笔"连接OBD-Ⅱ诊断接口4#端子。

（2）示波器检测波形图

示波器测量所得的低速GMLAN波形如图6-2-10所示，波形横轴每格时间为1ms/div，纵轴每格电压为2V/div。

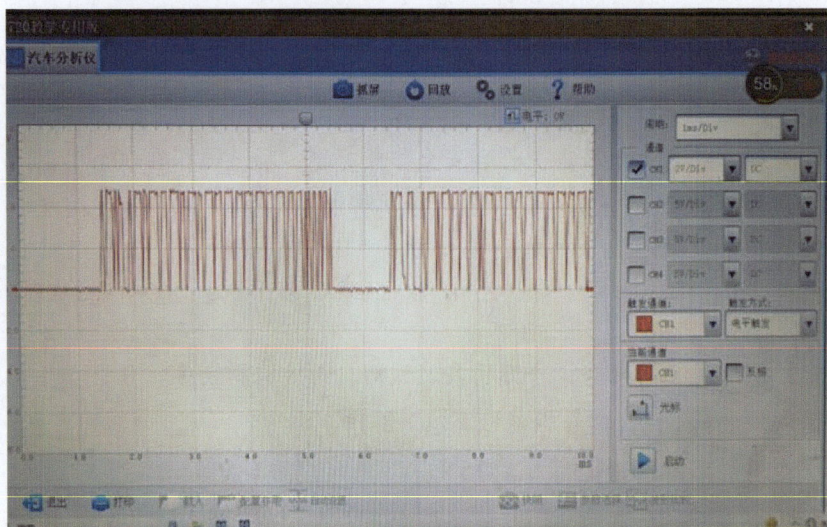

图 6-2-10　低速 GMLAN 波形图

（3）波形分析

低速GMLAN的波形电压在0~5V之间的离散数值范围内。

结论：低速GMLAN通信波形正常。

二、LIN 通信系统检测

1. LIN 通信系统电压检测

选取发动机控制模块至蓄电池电流传感器模块之间的通信（LIN系统）进行检测。

1）点火开关置于OFF位置，在蓄电池电流传感器负极插头的信号线上引出测试线。

2）起动发动机运行，测量LIN线对地电压值，均值应在10~11V之间变化，如图6-2-11所示。

> 结论：蓄电池电流传感器LIN信号的电压均值正常。

2. LIN 通信系统波形测试

选取发动机控制模块至蓄电池电流传感器模块之间的通信（LIN系统）进行检测。

（1）测试线连接

示波器"（+）表笔"连接在蓄电池电流传感器LIN线上，"（-）表笔"连接在蓄电池负极。

（2）示波器检测波形图

图 6-2-11 LIN 线电压均值测量

示波器检测所得的LIN信号波形如图6-2-12所示，波形横轴每格时间为2.5ms/div，纵轴每格电压为5V/div。

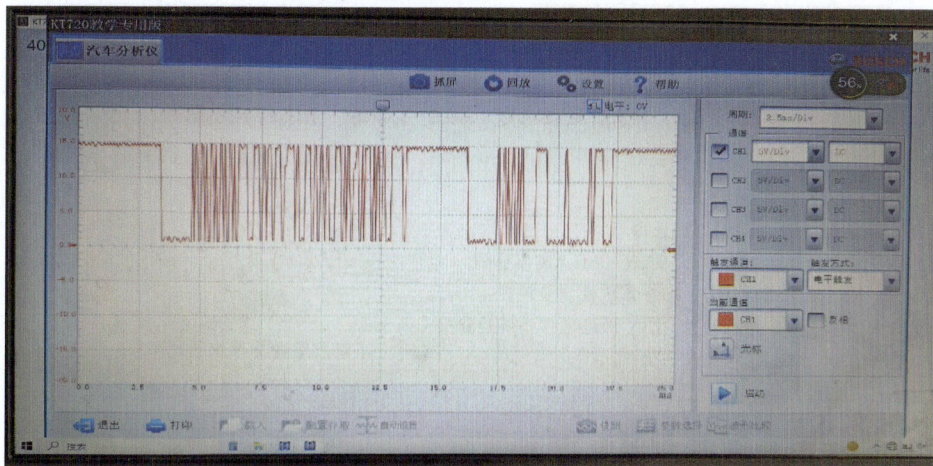

图 6-2-12 LIN 通信系统波形图

（3）波形分析

LIN通信系统的波形电压在0~12V之间的离散数值范围内。

> 结论：LIN通信波形正常。

拓展提升 以太网通信系统简介

车载以太网主要用在信息娱乐系统，在收音机和安吉星等装置间，用于传递音视频、5G和导航等大容量信息。以太网传输的最大特点是信息传输量大、传递速率快（可达100Mbit/s），可采用金属双绞线作为传输介质，如图6-2-13所示。

车载Ethernet网是由美国施乐、英特尔等多家公司联合开发的高速通信网络，主要应用在车载信息娱乐系统中，也可应用在车辆的动力、安全或车身电气系统中

配置了新一代INFO 3信息娱乐系统的全新一代凯越也采用了此种网络，它布置在收音机和安吉星模块之间，主要用来传递GPS导航信息、4G LTE信号等

Ethernet网采用的线路类型是金属双绞线。其传输速率高达100Mbit/s

提醒：这里不是终端电阻，用数字万用表实测，其电阻值几乎为无穷大

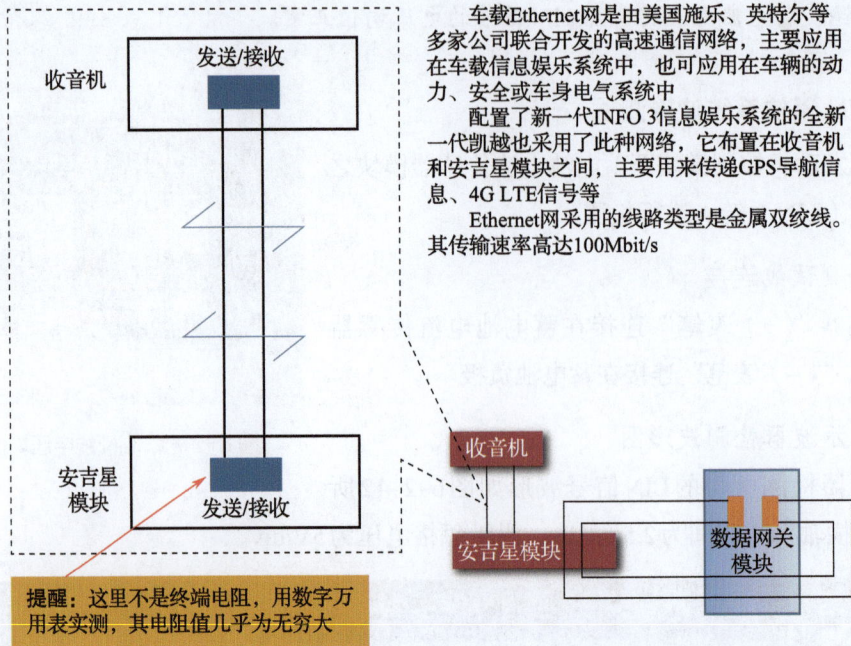

图 6-2-13　全新凯越信息娱乐系统"以太网"拓扑结构示意图

扫二维码观看微课

微课内容：
1. 低速 GMLAN 网络通信系统性能检测。
2. LIN 网络通信系统性能检测。

车载网络通信系统性能检测

学习任务三　车载网络通信系统检修

知识目标

1. 了解车载网络通信系统的故障类型。
2. 了解车载网络通信系统不同类型故障的诊断思路。

技能目标

1. 会用诊断仪和示波器对不完全通信失效故障进行检测。
2. 会用诊断仪和示波器对完全通信失效故障进行检测。

素养目标

1. 培育学生团队意识、协作精神、责任意识和爱岗敬业精神。
2. 培育学生安全意识的形成，营造良好的工作、学习环境。
3. 培育学生积极思考、主动学习的能力。
4. 增强学生完成工作任务的执行力，培养对社会和企业的责任感。

知识储备 车载网络通信系统故障

一、车载网络通信系统故障类型

车载网络通信系统主要存在两类故障，即不完全网络通信失效故障和完全网络通信失效故障。

1. 不完全网络通信失效故障

（1）故障现象

某一模块功能缺失，用诊断仪检测时找不到该模块。现以发动机模块损坏为例，用诊断仪检测时，显示"发动机模块失去通信，无法进入"。

（2）故障原因分析

发动机模块无法工作的原因很多，主要由电源故障、通信线路故障和模块本身损坏等几方面的原因引起，现以别克威朗L3G发动机模块K20为例说明。

1）模块电源故障。

①模块搭铁线路检测。断开蓄电池负极后，再断开K20插接器X2，检测搭铁线K20/X2/73端子对地电阻，正常情况下应小于2Ω，如图6-3-1所示。

②模块常电和IGN1电检测。

点火开关置于OFF位置，断开蓄电池负极，拔下发动机控制模块K20的插接器X1，再接上蓄电池负极，将点火开关置于ON位置，测量常电K20/X1/15端子和IGN1电K20/X1/14端子对地电压，正常情况下该值应与蓄电池电压相同，如图6-3-2所示。

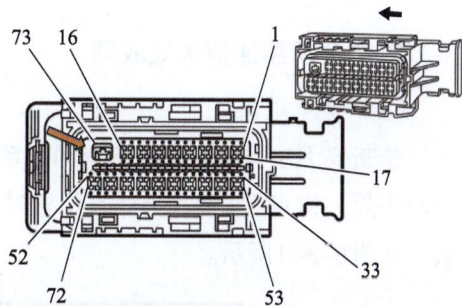

图6-3-1 发动机模块搭铁线路诊断示意图

2）网络通信检测。点火开关置于OFF位置，断开蓄电池负极，拔下发动机控制模块K20的插接器X1，再接上蓄电池负极，将点火开关置于ON位置，测量网络通信GMLAN（+）-K20/X1/15端子和GMLAN（-）-K20/X1/14端子对地电压均值，分别应在2.5~3.5V

和1.5~2.5V范围内，且两电压均值瞬时之和约等于5V，如图6-3-3所示。

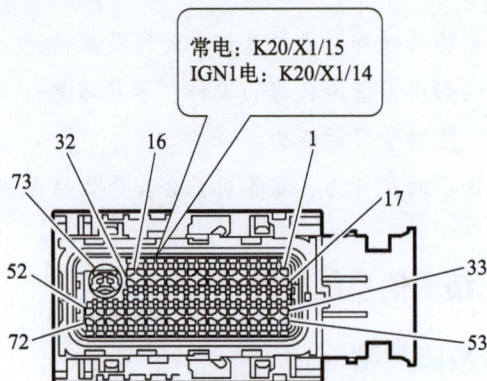

图6-3-2　发动机模块供电线路诊断示意图

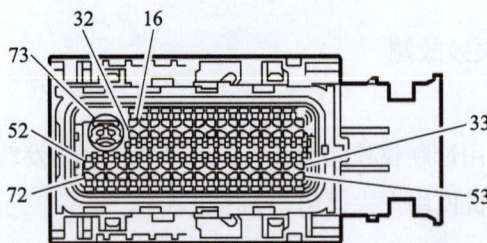

图6-3-3　发动机模块网络通信GMLAN（+）和GMLAN（-）检测

3）模块本身检测。若发动机模块供电正常、网络通信正常，应考虑发动机模块本身是否存在故障，需做进一步检测。

2. 完全网络通信失效故障

（1）故障现象

诊断仪无法与车辆上的所有网络系统通信，发动机无法工作，几乎所有车身电气系统控制失效，将点火开关置于ON位置时，仪表上的故障指示灯几乎全部点亮，仪表显示失效，如图6-3-4所示。

图6-3-4　完全网络通信失效故障时仪表显示

（2）故障原因分析

引起车载网络通信系统完全失效故障原因较多，但车上不可能所有控制模块同时损坏，因此检测重点应放在网络通信线路上。

①车载网络总线CAN-H与CAN-L互短。

②车载网络总线CAN-H与搭铁发生短路。

③车载网络总线CAN-L与正极发生短路。

注释：由于车载网络总线CAN为双线差分信号模式，具有较强的纠错能力，当CAN-L对搭铁短路和CAN-H对正极发生短路时，有些车型网络通信仍能够传递信息。

二、车载网络通信系统的检测方法

1.示波器检测法

通过诊断接口测量CAN-H和CAN-L的波形，可以判断车载网络通信系统的工作状态。一般采用双通道示波器功能检测，通道一测量CAN-H波形，通道二测量CAN-L波形。

1）正常工作状态下的测试波形，如图6-3-5所示。

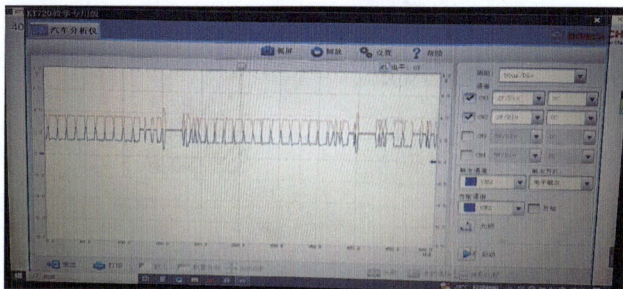

图6-3-5 车载网络CAN正常波形

注释：波形显示正常，并不一定表明车载网络上所有模块工作均正常。

2）在非正常工作状况下，CAN-L对搭铁短路波形，如图6-3-6所示。

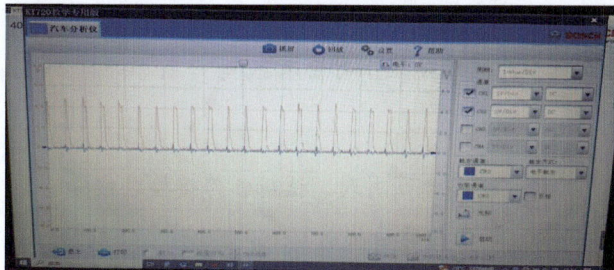

图6-3-6 CAN-L对搭铁短路时的波形

3）在非正常工作状况下，CAN-H对正极短路波形，如图6-3-7所示。

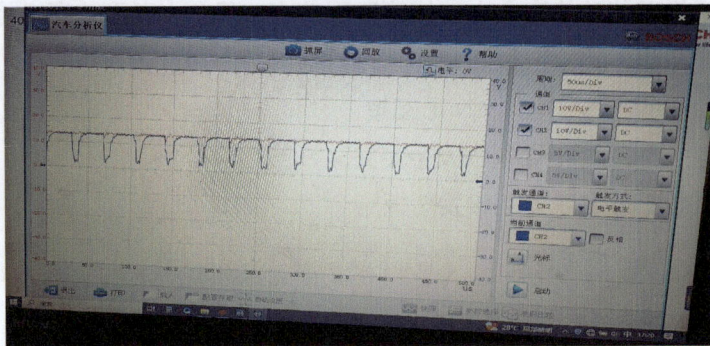

图6-3-7　CAN-H 对正极短路时的波形

2. 诊断仪和万用表检测法

通过诊断仪找不到该模块，可按不完全通信失效故障的检测思路，排除网络通信线路和控制模块故障，如图6-3-8所示。

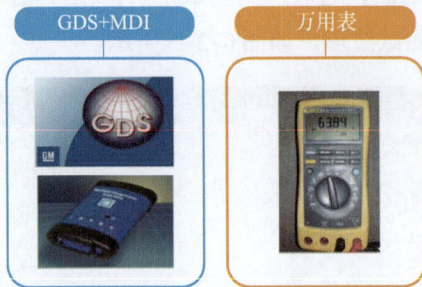

图6-3-8　诊断仪和万用表检测法

任务实施　车载网络通信系统故障检测

场所要求

1）场所设施（供电、通风等）符合安全作业标准，场地面积在$60m^2$以上。

2）采光条件（大于500lx）满足一体化教学需求。

3）能够满足30人左右的班级分组学习需求。

项目准备

1）汽车维修通用工具一套，含万用表、试灯、跨接检测线等。

2）四通道示波器1台，综合性能检测仪1台。

3）上汽通用别克威朗15S进取型轿车1部。

4）长城哈弗2021款M6 PLUS SUV1部。

一、不完全失效通信故障的检测

现以别克威朗发动机L3G模块K20损坏故障为例，说明其检测过程。

1. 诊断仪检测

点火开关置于ON位置，用诊断仪检测发动机模块，无法与该模块正常通信。

2. 模块失效故障检测步骤

1）点火开关置于OFF位置，断开蓄电池负极和发动机模块线束插接器。

2）搭铁线检测。用万用表测量发动机模块线束搭铁端，K20/X2/73端子与K20/X3/73端子对搭铁电阻应小于2Ω，如图6-3-9所示。

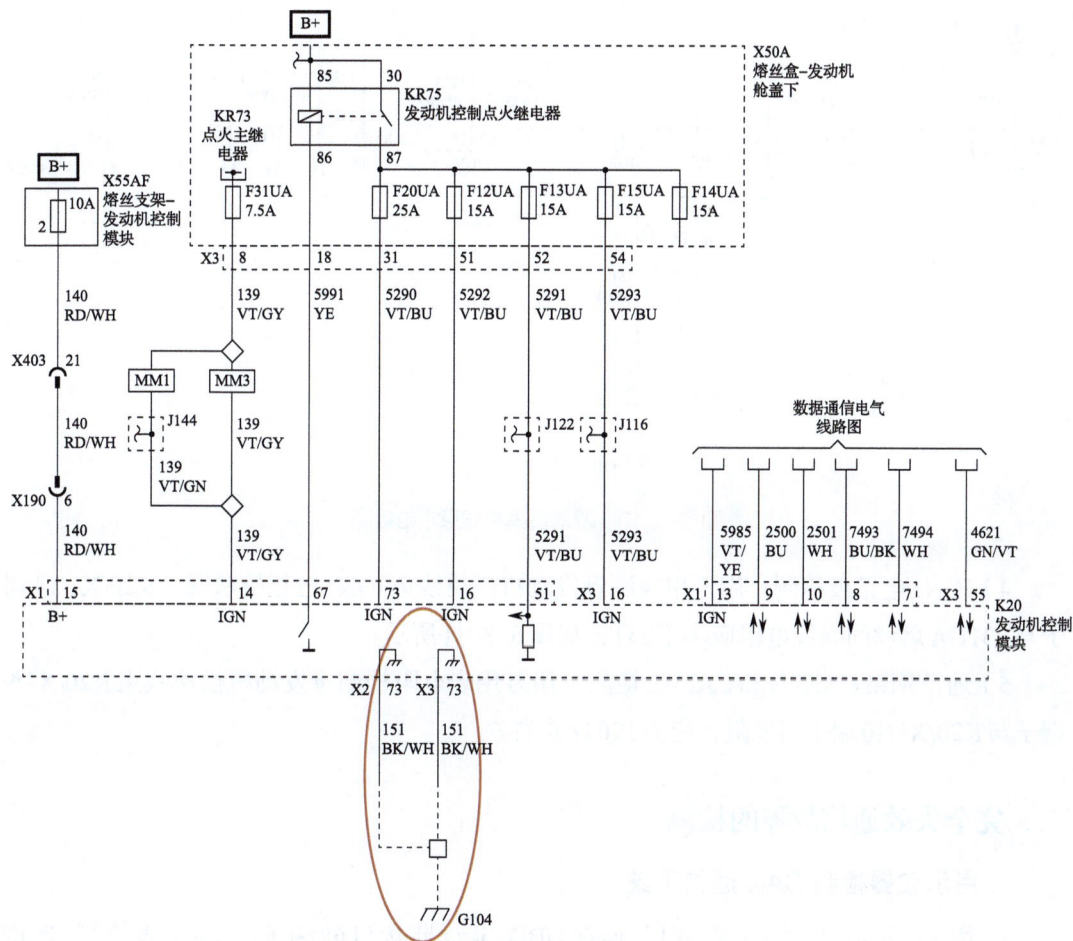

图6-3-9　发动机模块线束搭铁线检测

3）常电正极检测。用万用表测量发动机模块线束常电状况，K20/X1/15端子与X55AF熔丝间导线电阻应小于2Ω，如图6-3-10所示。

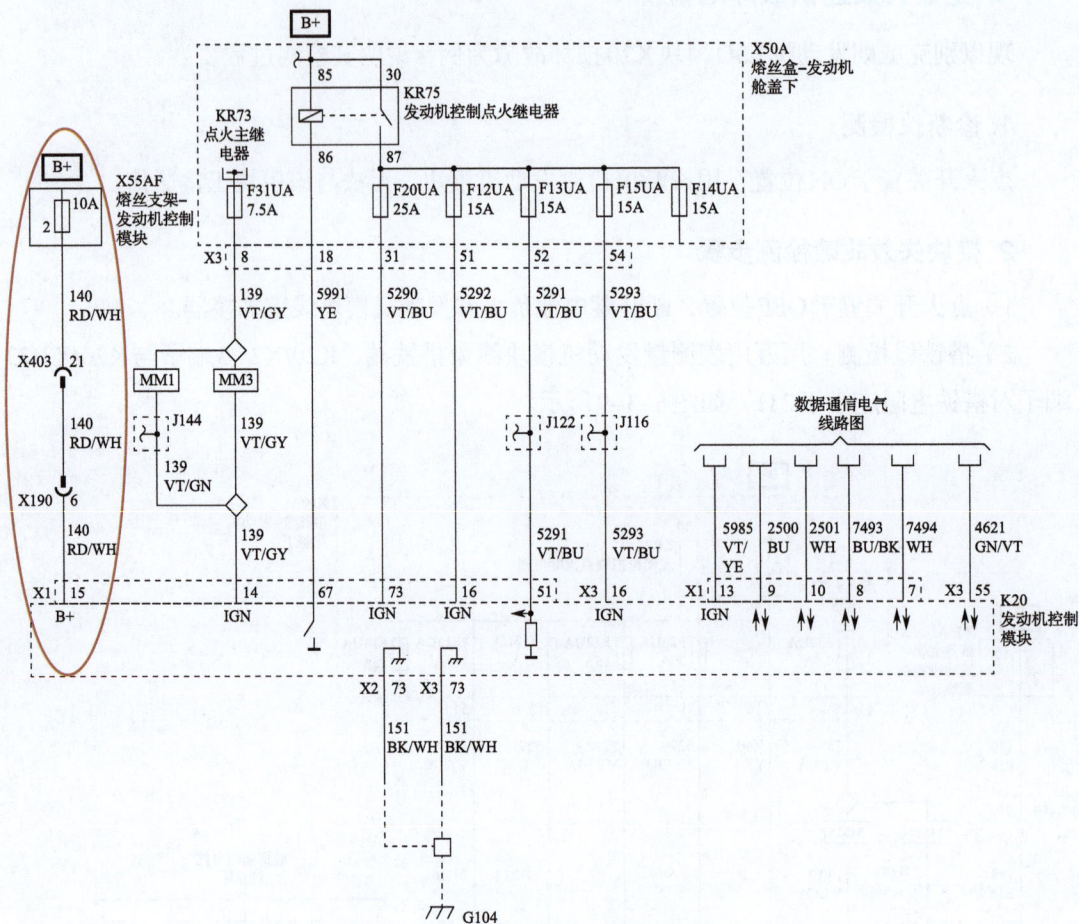

图6-3-10　发动机模块线束常电检测

4）IGN1电正极检测。用万用表测量发动机模块线束IGN1电正极状况，K20/X1/14端子与F31UA熔丝间导线电阻应小于2Ω，如图6-3-11所示。

5）通信网络CAN-H和CAN-L检测。用万用表电阻档测量发动机模块线束K20/X1/9端子与K20/X1/10端子间电阻，应为120Ω左右。

二、完全失效通信故障的检测

1. 用示波器检测 CAN 通信系统

通道一：示波器"（+）表笔1"连接OBD-Ⅱ诊断接口6#端子，"（-）表笔1"连接4#端子。

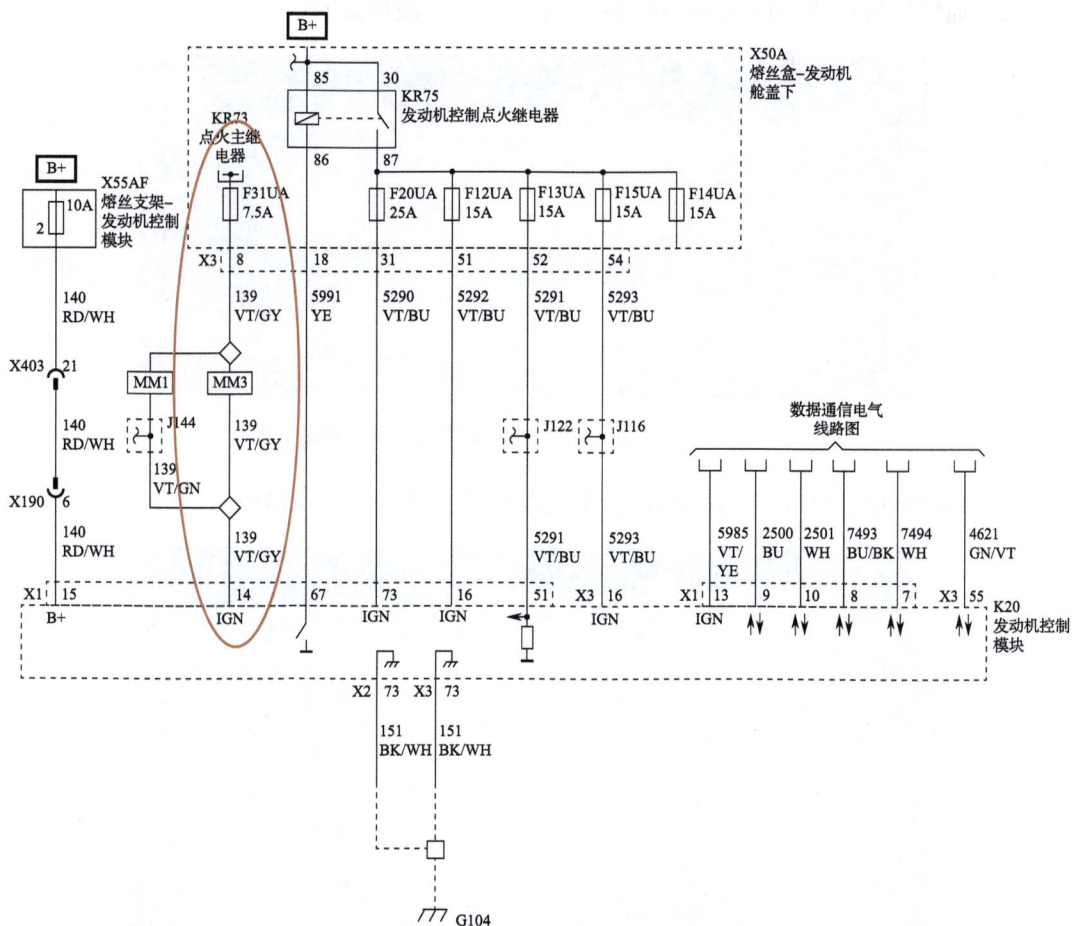

图 6-3-11　发动机模块线束 IGN1 电正极检测

通道二：示波器"（＋）表笔2"连接OBD-Ⅱ诊断接口14#端子，"（-）表笔1"连接4#端子。

1）通信网络CAN-L对搭铁短路。示波器测试波形如图6-3-12所示。

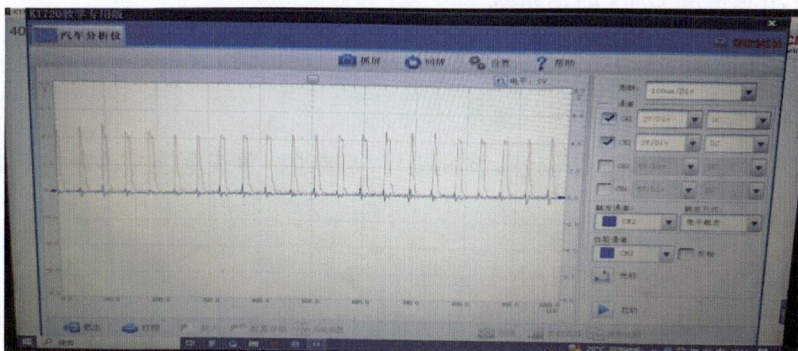

图 6-3-12　网络通信系统 CAN-L 对搭铁短路波形

2）通信网络CAN–H与CAN–L短路。示波器测试波形如图6–3–13所示。

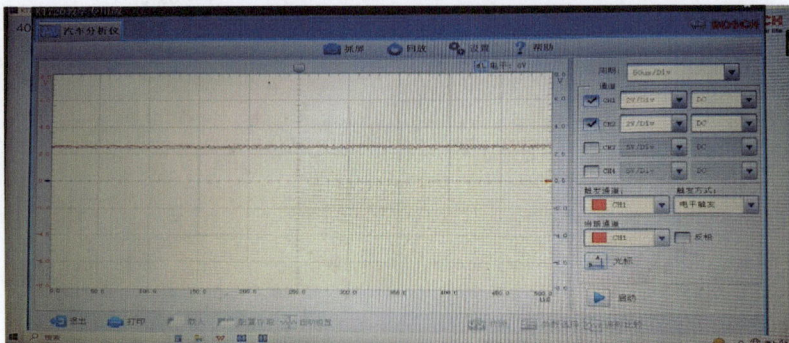

图6-3-13　网络通信系统 CAN-H 与 CAN-L 互短波形

3）通信网络CAN–H对正极短路。示波器测试波形如图6–3–14所示。

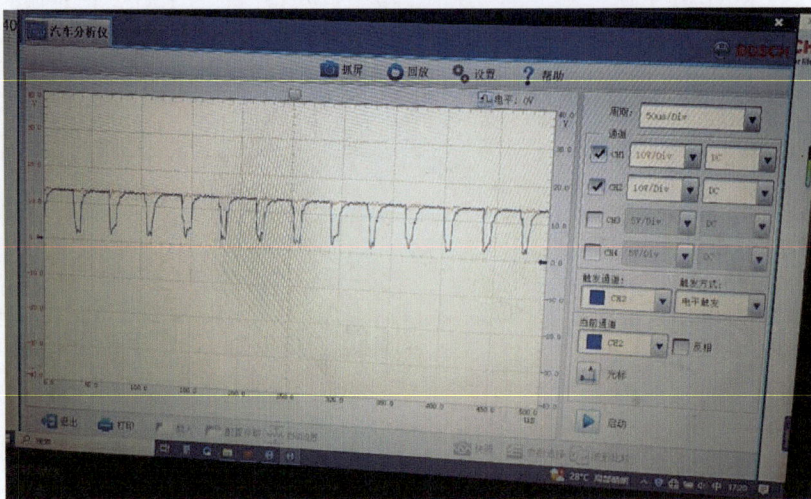

图6-3-14　网络通信系统 CAN-H 对正极短路波形

2. 用万用表检测 CAN 通信系统

点火开关置于ON位置，用万用表检测诊断接口通信端子。

（1）通信网络 CAN-H 对搭铁短路

万用表置于电压档，正表笔连接诊断接口6#端子，负表笔连接诊断接口4#端子，此时电压值接近0V。

（2）通信网络 CAN-H 和 CAN-L 互短

万用表置于电压档，正表笔分别测量诊断接口6#端子、14#端子对4#端子的电压，此时电压值相等，均为2.51V左右。

（3）通信网络 CAN-L 对正极短路

万用表置于电压档，正表笔连接诊断接口 14# 端子，负表笔连接诊断接口 4# 端子，此时电压值接近蓄电池电压。

3. CAN 通信系统故障排除思路

点火开关置于OFF位置，断开蓄电池负极，按维修手册提供的车载网络拓扑结构，依次断开各模块连接，直到找到故障点为止。

（1）通信网络 CAN-H 对搭铁短路

万用表置于电阻档，正表笔连接诊断接口 6# 端子，负表笔连接诊断接口 4# 端子，依次断开各模块连接插头，找到 CAN-H 对搭铁短路的故障区域。

（2）通信网络 CAN-H 和 CAN-L 互短

万用表置于电阻档，正表笔连接诊断接口 6# 端子，负表笔连接诊断接口 14# 端子，依次断开各模块连接插头，找到 CAN-H 与 CAN-L 线路互短的故障区域。

（3）通信网络 CAN-L 对正极短路

万用表置于电阻档，正表笔连接诊断接口 6# 端子，负表笔连接诊断接口 16# 端子，依次断开各模块连接插头，找到 CAN-L 对正极短路的故障区域。

扫二维码观看微课

微课内容：
1. 不完全通信失效故障检测。
2. 完全通信失效故障检测。

车载网络通信系统
故障检测

参考文献

［1］杨智勇，金艳秋 . 汽车发动机电控系统检修［M］. 北京：人民邮电出版社，2019.

［2］焦建刚 . 图解汽车波形分析与诊断应用［M］. 北京：机械工业出版社，2019.

［3］朱建勇，郑烨珺 . 汽车发动机电控系统故障诊断与检修［M］. 北京：机械工业出版社，2021.